図解 眠れなくなるほど面白い

起業の話

株式会社FCチャンネル代表取締役
林 尚弘
Naohiro Hayashi

日本文芸社

はじめに

この本では、私が起業した経験をもとに、起業するために必要なノウハウを紹介していきます。この本を手に取ってくださったということは、みなさん起業に興味を持っている方たちだと思います。その一方で、「本当に自分のセンスだけで起業して大丈夫なのか」「うまくいかないかもしれないからなかなか一歩踏み出せない」と考えている人も多いのではないでしょうか？

実は、まったくそんなことはありません。ビジネスのアイデアというのは、今これを読んでいるみなさんの心の中にあります。私が事業の相談を受けたときに聞くことは、「なにか困ったことはないか？」「自分の業界に問題点はないか？」ということです。そうすると、ほとんどの方は思い当たることがありますので、それならば、そうした困りごと、問題点を解決するサービスを作ればいいのです。

また、「感動した経験をもとにする」という発想の方法もあります。誰しも自分が感動した経験があるでしょうから、それと同じ経験を多くの人に広められるサービスを作ればいいのです。つまり、みなさんの心の中には、すでに新サービスの原案があります。それに気がつけるかどうかの話なのです。

もしかすると、私のことを「事業を全部当ててきたスゴイ人だ！」と思ってくださる方がいるかもしれませんが、実際はたくさんの事業を立ち上げて、一部は成功しましたが、たくさん失敗してきました。ですから、みなさんも恐れることなく、起業への第一歩を踏み出してください。

林　尚弘

眠れなくなるほど面白い 図解 起業の話

もくじ

第5章 自身のビジネスを最大化する最強のフランチャイズ展開術

林尚弘厳選！ フランチャイズオススメ企業

第1章

「起業したい！」と思ったときに考えておくべきこと

01 社会の問題点を解決するサービスを作ろう

自分の経験に基づいた起業を！

起業において、一番大事なことは「社会の問題点を解決するサービスを作る」ということです。やはり、何か社会的な課題や問題を解決するようなサービスを作らなければ、人はついてきません。

　そして、そのサービスが今までの仕事とまったく関係なく、何の体験にも基づいてないと、「どうしてあなたがやるの？」という話になってしまいますので、必ず自分の経験に基づいたサービスで起業しましょう。

　もし、まったく関係ないことで起業した場合、「それって儲かるからはじめたのではないのか？」と思われてしまいますので、自分の経験に基づいて、人が聞いて「なるほど！」と思う、説得力のあるビジネスモデルを選んだ方が間違いありません。

　私の場合、大学受験の時に高1・高2・高3・浪人と4年間予備校に通ったにもかかわらず、全然成績が伸びませんでした。そうした経験から、「教育業界に問題を感じて起業した」という話であれば、かなり説得力があると思いませんか？

　このように、**自分の経験に基づいていることであれば説得力を持たせることができます**。そのうえで、社会の問題を解決するサービスを作るべきだと思っています。

“自分が感じた問題”を解決できることが大切

①自分の経験に基づく事例

高1から高3、浪人と
４年間予備校に通ったが
まったく成績が伸びなかった

②説得力のある理由

時間とお金をかけても
成績が伸びない教え方をする
教育業界に問題を感じた

③社会の問題点を解決

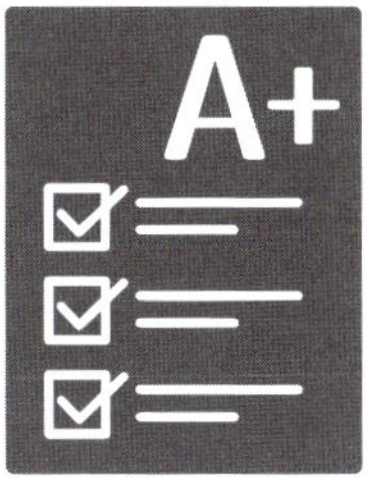

きちんと成績が伸びる
教え方をする塾を作ることで
教育業界の問題点を解決

誰が聞いても「なるほどな」と納得させられる
ビジネスモデルを選ぶことが成功の秘訣！

02 今までやってきた仕事の技術、実績、人脈を振り返る

まったく同じサービスはＮＧ！

今までやってきた仕事の経験を活かせること、何か問題や課題を感じたこと、「これはもっとこうした方がいいのではないか？」と疑問を感じたこと、そういったことで起業を考えましょう。今まで教育業界にいたのであれば教育業界のことがよくわかるでしょうし、ＩＴ業界にいたのであればＩＴならではの強みがあるはずです。

ただし、今勤めている会社とまったく同じサービスで起業するのは、その会社に迷惑がかかってしまいますし、不義理になりますのでやめてください。

たとえば、家庭教師の派遣の会社に勤めていて、まったく同じ家庭教師の派遣で起業するのはよくありません。そういう形ではなくて、家庭教師として家に行って教えるだけでは成績をあげることが難しいから、もっと自学自習を徹底して管理する塾を作るといったように、家庭教師から塾という形であれば、同じ教育業界ですが、まったく同じサービスではないので問題はありません。

今まで自分がやってきた仕事の技術、実績、人脈を振り返って、できることがなにかを考えてみることから始めましょう。「今までの仕事に関連した、より進化したサービスが何かできないか？」ということを考えてみてください。

今までいた業界と同じ業界で起業する

今までいた業界で何か問題を感じたこと
「もっとよくした方がいいんじゃないか？」と
思うことで起業を考えてみる

今まで教育業界にいたなら教育業界のことが
IT業界にいたならIT業界のことがわかるはず

**今までやってきた仕事で培った技術、実績、人脈を
活かせる同じ業界で起業するのがいい**

技術

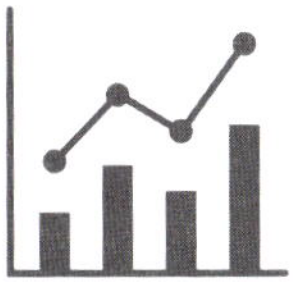

実績

人脈

関連する進化したサービスや商品を考える！

今勤めている会社とまったく同じことを
やるのは迷惑なので絶対にダメ！

03 自分の使えるお金を確認する

お金に無理のない起業を考える

自分の貯金がいくらあるのか、現金以外の資産がいくらあるのか、最初に確認しておいてください。起業した後、マイナスいくらまで自分のお金で耐えられるかというのは、とても重要になります。

本当のことをいえば、**一番初めはあまりお金のかからないビジネスから始めて、必要資金を貯めるのがベストです。**自分自身も、本心は初めから塾を作りたかったのですが、まずは大学1年生の時に家庭教師のアルバイトから始めて、起業に必要なお金を貯めました。

そして、ある程度のお金が貯まってから「武田塾」を作りました。繰り返しますが、最初はお金のかからないビジネスから始めて、必要資金を貯めてから本当にやりたいことを始めるというのがおすすめです。

ただし、最初からどうしてもやりたいビジネス、やらないといけないと思うビジネスがあって、それに自分では用意できないお金が必要ということであれば、どこかから資金を調達しなければなりません。

すでに何千万も貯金があってそれでいけるという人はなかなかいないでしょうから、どうしてもやりたいビジネスで起業したいということであれば、次項の資金調達の方法を参考にしてください。

最初は“お金のかからない”ビジネスがおすすめ！

マイナスいくらまで耐えられるか？

は最初に確認した方がいい

原価のかからないビジネスで起業して資金を貯める

まずはお金のかからない
ビジネスからスタート

↓

必要資金を貯める

↓

開業に必要な資金が貯まったら
本当にやりたいことをやる

最初からお金がかかるビジネスをやりたい場合
資金調達が必要になる（次ページで解説）

04 資金を調達する方法

メリットが多い令和の虎への出演！

資金調達の方法ですが、いきなり銀行は貸してくれないと思ってください。日本政策金融公庫であれば、初めから１０００万円以上貸してくれる例も少なくありません。あとは**ベンチャーキャピタルがお金を出してくれるかもしれませんが、株を取られたり、経営に口を出されたりするので、正直あまりおすすめできません。**

それであれば、思い切って「令和の虎」に出演するのがいいと思います。令和の虎であれば、２分の１ぐらいの確率で、数百万、多いときは数千万円もの資金が調達できます。さらに、虎に出演している社長さんと人間関係を築くことができますし、虎の子ということで、虎グループ、虎経済圏にも入れます。それはすごく有利ですし、令和の虎であれば株を取られるといったこともありません。

令和の虎の特にいいところは、いきなり有名になれるところです。１００万人登録のＹｏｕｔｕｂｅチャンネルに出演することで、多くの人に知ってもらうことができるので、いっきに事業が加速します。

それはすごくいいことですので、資金を調達する先は、親、友達、銀行、日本政策金融公庫、ベンチャーキャピタル、エンジェル投資家などいろいろありますが、いきなり有名になれる令和の虎をおすすめします。

資金はどのように調達する？

店舗型のようにどうしても初期投資がかかるビジネスを最初からやりたい場合

自己資金でできなければ **資金調達** が必要になる

主な資金調達方法（借入先）

銀行	日本政策金融公庫	親・友達	社長

起業時の資金調達ですが、銀行や日本政策金融公庫といった金融機関に借りる方法と、親や友達、知り合いの社長といった身近な人に借りる方法があります。金融機関に借りる場合は、審査があり、担保や金利の支払いも必要になりますので、できれば身近な人に貸してもらうのがいいでしょう。

「令和の虎」への出演がおすすめ！

- 約2分の1で数百万～数千万円の資金調達が可能
- 出演している虎（社長）との関係ができる
- 虎グループの一員となり「虎経済圏」に入れる
- 登録者100万人のチャンネルに出演することでいきなり有名になれる

いきなり有名になれて事業が加速する「令和の虎」はおすすめ！

05 自分の考えがビジネスになるかどうかの判断の仕方

最初は確実なニーズがある市場を狙う

自分の考えがビジネスになるかどうかをどのように判断すればいいのでしょうか? ひとつの目安となるのが、すでに類似のビジネスがあって、市場に確実なニーズがあることがわかるかどうかです。

たとえば、美味しいコーヒーショップを作るということであれば、世の中にはすでにコーヒーショップがいっぱいありますから、市場は確実にあることがわかります。

ところが、美味しい紅茶ショップを作るという場合、紅茶ショップはあまりありませんから、市場にニーズがあるかどうかがわかりません。もちろん、そういった市場をゼロから開拓したらビジネスとしては大きいのですが、やはり、コーヒーショップのように市場がもともとあるところで起業した方が間違いありません。

前代未聞の商品やサービスよりも、すでに市場がある商品の方が確実に楽です。

武田塾も大学受験の予備校という業界、河合塾さんとか東進さんとかいくつもあるなかで、「成績が伸びるもっといい塾」という位置付けですから、もともとある程度の市場があったところに参入したわけです。繰り返しになりますが、**まったく市場がないところ、一撃が大きいというところよりも、市場があるところをおすすめします。**

前代未聞の商品よりも市場がある商品

例 すでに市場が存在する「コーヒーチェーン」

競合は多いもののニーズがあるので参入が楽

例 これまで市場が存在しない「紅茶チェーン」

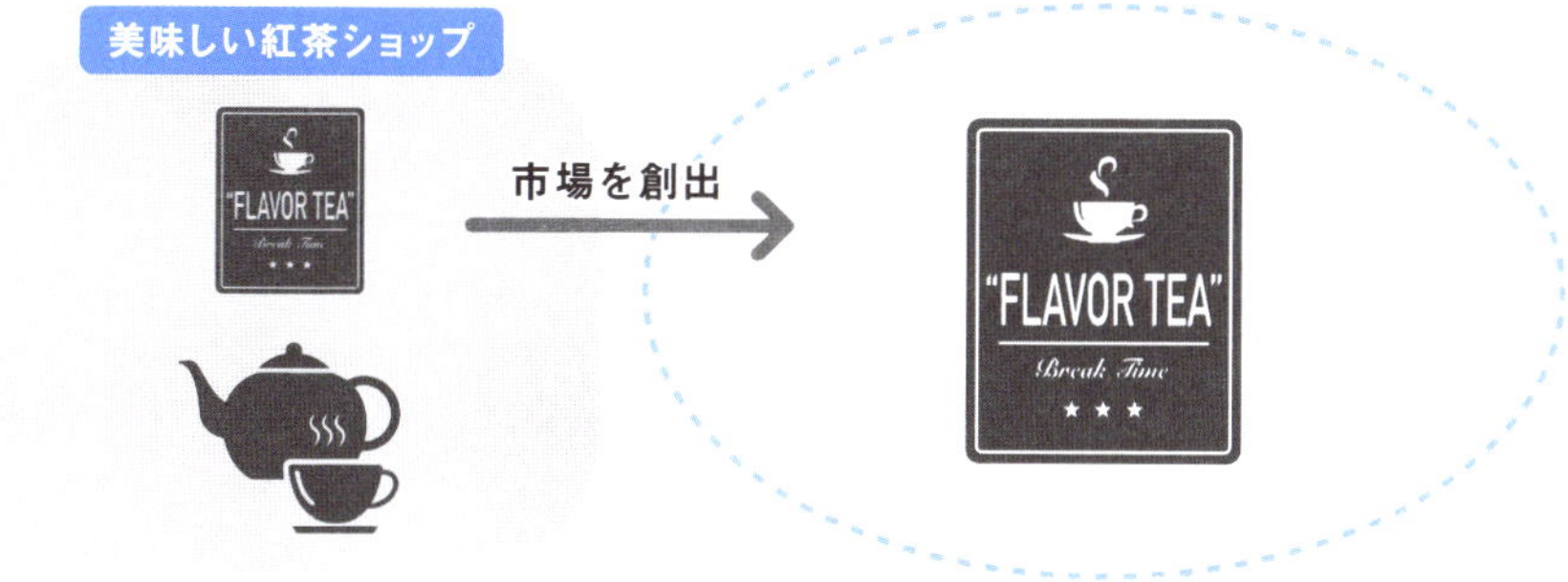

当たれば市場を独占できるがニーズがあるか不明

まずは市場（ニーズ）がある分野に参入するのがおすすめ

06 ビジネスを始めるのに自分の〝夢〟は必要!

自分の〝ビジョン〟を明確にしよう!

最初の「社会の問題点を解決するサービスを」(8ページ参照)の話にもつながるのですが、**「社会をこう変えたい」「こういう課題が世の中にあってもっとこれをよくしたい」というビジョンがないといけません。**

なぜなら、そうしたものがないと、その会社に発注しようと思われませんし、その会社に入りたいとも思われないはずです。ですので、ビジネスを始めるのに、〝どういう社会を実現したいか〟〝自分がどうなりたいか〟といった社長の夢みたいなことは、とても大事です。

たとえば、フランチャイズ(FC)チャンネルは、私が武田塾を直営で8年間やって伸び悩んでいたときにフランチャイズ化の話があり、そこから8年間で年商1億円が100億円になった経験から、「人生を大きく変えたその素晴らしさを伝えたい」と思い立ち上げました。

逆に、「これちょっと儲かりそうだな」と安易に考えて始めたビジネスで数千万円の赤字をだしたこともあります。いろいろな事業をやりましたが、やはり思いや、ビジョンがないと失敗しやすいと思います。

実は、会社経営においては、そうした部分がサービスや商品よりも大事と言えるくらいの位置を占めています。ビジョンというのはそれくらい重要なものだと覚えておいてください。

ビジョンはとても大切！

明確なビジョンがなければ 人はついてこない

ビジョン

「自分はこうなりたい」

「社会をこう変えたい」

「世の中にある課題を改善したい」

この会社で働きたい

この会社に発注したい

会社経営において最も大事なのは
明確なビジョンを示すこと！

07 サラリーマンではなく経営者に必要なマインド

仕事をとることに全力で集中

言い方はあまりよくないかもしれませんが、サラリーマンは出勤していれば固定給をもらえます。ところが、**起業して経営者になると、出勤しているだけではお金をもらえません。仕事をとって売上をあげなければ、お金が入ってこないからです。**

そして、仕事をとってくるというのはとても難しいことです。会社には、経理や総務、雑多な書類整理、商品の品質改善など、いろいろな仕事がありますが、営業をして発注をもらうということは、基本的に社長しかできません。ですから、いろんな経営者に会う、ブログを更新する、リスティング広告を打つといった、**とにかく仕事をとれること、売上があがることに社長は注力する必要があります。**

1日でできる仕事量の80％、90％は、とにかく売上があがることに振って、一生懸命お金を稼ぎましょう。お金がなければ会社はすぐに潰れてしまいますので、これはすごく大事なことです。毎日、仕事が終わったら日報を書くつもりで、自分の仕事を振り返ってみると、意外と書類の整理や経理業務、メールチェックなどに時間を使っていることが見えてきます。人に会う時間、**売上につながる仕事の時間をできるだけ取れるように、雑務はできるだけ効率化していきましょう。**

仕事を取ってくるのが社長の仕事

経営者

● 出勤しているだけではお金がもらえない

サラリーマン

● 出勤していれば固定給をもらえる

会社の仕事はいろいろあるが社長がやるべきことは
とにかく売上につながる仕事！

営業	広報	顧客対応	経理事務	人事
自分がやる		外部/社員に任せる		

1日の仕事量の
80%〜90%は
売上に直結する仕事を
とることに使う！

・営業/経営者に会う

・ブログを更新
・スティング広告を打つ

**売上があがることに仕事量を振って
キャッシュを稼ぐことが重要！**

08 高級料理店と町中華、儲かるのはどっち？

初期投資がかからない起業がベスト

これはよく聞かれることですが、高級料理店の方がいいでしょう。理由は単純で、高利益率のビジネスの方がおすすめだからです。町中華をバカにしているわけではなく、大衆料理ですごく美味しいと思っています。しかし、おそらく利益率が低いでしょうから、町中華を運営していくのは大変なはずです。もちろん、その分**回転率が高くて、薄利多売でとても儲かるということであればいいのですが、利益率が低いと会社を拡大するのが難しくなります。**

そして、高級料理店や町中華で起業するのも悪くはありませんが、やはりいきなり店舗を作るとなると１０００万～２０００万円はかかります。それだけリスクを抱えることになりますので、**最初はできれば初期投資がそこまでかからないビジネスで起業した方がいいでしょう。**

たとえば、フリーランスに近くなりますが、動画編集の技術を覚えて、動画編集の仕事を受けたり、ディレクションをしたりするのであれば店舗は必要ありません。また、税務署に勤めていたことがあるなら、相続税のセミナーといったような、**自分の知識や経験を活かしたスクールビジネスというやり方もあります。**原価がかからないので、とてもいい方法です。武田塾も、資金がなかったので、最初は家庭教師の派遣から始めました。

基本は高利益率のビジネスがおすすめ

高級料理店

利益率 高

町中華

利益率 低

高級料理店と町中華の比較なら
利益率の高い高級料理店の方がいい

ただし……

店舗を一から立ち上げるには
1000万～2000万円かかるので
資金が必要でリスクも大きい！

店舗を立ち上げる場合、土地代、建物代、賃料、改装費、厨房、調理器具、食器類など、費用がかかります。そのため失敗したときのリスクも大きいことは理解しておきましょう。

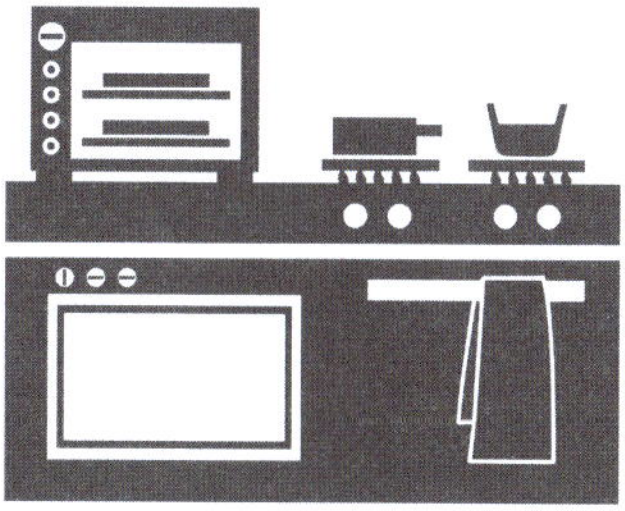

できれば初期投資がかからない
利益率の高いビジネスからスタート

09 業務委託を活用しよう

正社員よりも業務委託がいい理由

会社が小さいうちに、いきなり経理の社員、営業の社員、ホームページを制作する社員などをすべて雇っていたら本当に大変です。まず、正社員の募集をかけて、希望者と面接をするなどの採用活動をする必要があります。そして、社員は一度雇ったらかんたんには解雇できませんし、固定給も支払わなければなりません。さらに、正直なところ人の当たり外れ、能力の問題もあるわけです。

そこで、活用したいのが業務委託です。経理や営業といった業務は専門の会社に外注することができますし、ホームページの制作であれば会社もありますし、フリーランスに外注することもできます。業務委託であれば、正社員を雇うよりも低コストで同じ業務をやってもらえ、その仕事内容に不満を感じた場合は変更しやすいというメリットがあります。

そもそも、独立して業務委託を受けているような会社であれば、不満を感じるようなまずい仕事をするはずがありません。むしろ、その道のプロと言ってもいい存在ですので、非常にお願いしやすいし、頼れる存在です。

ですので、**いきなり社員を部門ごとに雇うのではなくて、会社が大きくなるまでは業務委託を活用して会社を運営していくのが、すごくいい方法といえます。**

人を雇うのはリスクがある

会社を運営するにはスタッフが必要

会社が小さいうちに
正社員を雇うのは
リスクが大きい

- 固定給が発生
- 能力の有無や適正
- 採用活動
- 解雇しにくい

営業　経理　WEB制作　など

いきなり社員を部門ごとに雇うのではなく
会社が大きくなるまでは**業務委託を活用**

例えば……　**代行会社に外注**　**フリーランスに外注**

独立している会社やフリーランスなら
その道のプロなので安心して任せられる

- 正社員を雇うより低コストで仕事を任せられる
- 委託業務の内容に不満があれば契約を解除できる

会社が大きくなるまでは
業務委託を活用するのがベスト

10 個人のSNSをスタートする

SNSは会社経営の大きな武器

今の時代、社長自身のSNSがないと、何かと不利になってしまいます。たとえば、みなさんが「この会社に入社したい」と思った時に、会社のことも調べるのは当然として、社長のことも調べるのではないでしょうか。その時、社長がどんな発信をしていて、どんな考えをしているのかということが見られます。

SNSで仕事をとることも、今は当然のようにありますから、個人のSNSを全然やってないとなると、取引の面でも採用の面でも、「この会社大丈夫なのかな?」と思われてしまう可能性が高いのです。

SNSで優先すべきものは、業種にもよりますが、やはり「Youtube」で、ファッション関係や飲食店の場合は「Instagram」も重要です。「X」は、テキストだけでやれるので手間がかからず、流行れば何万人、何十万人にあっという間に届く可能性があるので、これも必須でしょう。「TikTok」は、優先順位は低くなりますが、TikTok用に撮った動画をほかのSNSに流用できるというメリットがあります。

もし、今まで会社から個人のSNSが制限されていたというような方は、起業したらすぐに会社のSNSだけではなく、個人のSNSを始めることを強くおすすめします。

社長自身のSNSがないのは何かと不利

YouTube

幅広いユーザーに
動画で情報を
発信できる

社長自ら情報を
発信することが
当たり前の時代に
なっている

Instagram

画像や動画で
若い世代に発信できる

X

発信した情報が
拡散しやすい

TikTok

短時間の動画に特化し
特に10代に人気

Facebook

ターゲッティングが
やりやすい

あらゆるシーンで
どんな発信をしているのか？
どんな考えをしているのか？
をチェックされている

起業を考えている人は
SNSを今すぐ始めるべき！

１１　ＳＮＳの活用が成功のカギ

ＳＮＳなら広告費はゼロ！

ＳＮＳの活用が成功のカギとする理由は、単純にＳＮＳをうまく伸ばすことができたら、仕事の依頼、発注がたくさんくるからです。しかも、ＳＮＳは無料で運用できますので、広告費をかける必要もありません。

たとえば、リスティング広告で１クリックさせるのに５００円かかる場合、１万人に広告を見てもらうには５００万円が必要になります。ところが、Ｘにポストして、もしそのポストを１万人に届けることができたら０円で同じ効果があるわけです。しかも、うまくバズれば１万人以上の目にとまる可能性もあります。

やはり、会社が小さいときは費用の問題でなかなか広告を打てません。営業できる人も時間も限られていますので、ＳＮＳを伸ばさないといけません。

ただし、最近は多くの会社、社長たちがＳＮＳを活用し始めていますので、なかなか伸びない時代になってしまっています。そこで、まずはみんなが知りたいような、**自分が詳しい業界のためになる知識を話したり、見せたりしてフォロワーを集めましょう。**自分のＳＮＳを本当に伸ばしたいのであれば、たとえば「令和の虎」のように、お金を使わずに出られるオーディション形式の有名なチャンネルに出演するのは、とても有効な方法だと思います。

SNSが伸びたら仕事につながる

会社が小さいときは
なかなか広告も打てないので
SNSを伸ばさないといけない

リスティング広告

例 1クリックあたりのクリック単価５００円として
1万人に見てもらうには……

500円×1万人＝500万円必要

確実に広告を見てもらうことができるが
多額の広告費がかかってしまう

X

例 アカウントにポスト（投稿）するのは0円
1万人が見てくれるかは未知数だが……

0円×？人＝0円

投稿が何人に届くかはわからないが
広告費をかけずに発信できる

SNSはみんなが活用し始めているので
なかなか伸びない時代になっているのも事実

COLUMN 1

アルバイトで貯めた30万円で 武田塾を起業して年商130億円に

私は、起業していきなり武田塾を開いたわけではなくて、初期費用のかからないビジネスから始めています。本当はいきなり自分の考えに基づいた塾を作りたかったのですが、まったくお金がなかったので、まずは家庭教師の派遣会社を作りました。そこで１年間がんばって、なんとか生徒を増やしていくことができて、軍資金をコツコツ貯めることができました。その過程で私のブログが流行ったこともあって、武田塾の最初の校舎を作ることができたのです。

ところが、そこから御茶ノ水と市川の２校舎でがんばったのですが、なかなか塾が大きくならなくて８年間苦労することになります。

転機となったのは、起業から８年後のことでした。武田塾のフランチャイズをしたいという方が現れたのです。そこで、竹村義宏さんというフランチャイズの専門家に言われた通り、試しにフランチャイズにしてみたら、8年間直営２校舎でやって年商1億円だった武田塾が、その後の8年間で全国400校舎、年商100億円になったのです。おかげさまで、今は年商130億円くらいになりましたが、本当に人生何があるかわからないなと思っています。

第2章

在職中&起業前にするべき下準備

01 いきなり大金を借りるのではなく、ビジネスを実験してみる

対価がもらえるかを確認しよう！

ビジネスの実験というのは、たとえば、ウェブサイトの制作会社で起業を考えているとしましょう。その場合、まずは友達や知り合いの会社のウェブサイトを作ってみて、自分の仕事に対して、きちんと対価がもらえるかを確認してみるということです。

このように、**自分の自信のあるサービスが本当にビジネスとして成り立つのかを、まずは実験してみましょう。そのサービスが本当にいいものであれば、「いいね、これだったら月10万でも20万でも払うよ」となるはずです。**

武田塾も、最初は何百万円も資金を出すことができなかったので、実験的に家庭教師から始めました。それがうまくいったので、塾を作ったのです。**いきなり起業するのではなく、最初はそういう実験から始めるのがおすすめです。**

最近面白いなと思ったのは、ＳｔｏｃｋＳｕｎという会社の「カリトルくん」という電話営業をして商談を獲得する営業支援サービスです。これは、世の中の会社が意外と問い合わせの需要を掘り起こしていないと感じた方が、試しに自分で問い合わせリストに電話をかけて、実際にそれが契約につながるかを試してみたところ、かなりの手応えがあったので正式なサービスとなりました。かなり好調だと聞いていますが、これも実験から始まっています。

いきなり起業するのではなくまずは実験から！

資金調達

サービス

いいサービスを思いついても
いきなりお金を借りて
起業するのはリスクが大きい

ビジネスの実験からスタート

例 ウェブ制作会社

友達の会社の
ウェブサイトを
作って評価してもらう

いいね！
これならお金払って
頼むよ！！

「ちゃんと対価がもらえるか？」を
確認してから起業した方がいい！

**自分のサービスがあれば
まずは友達に実験してみよう**

02 いつでも定職に就ける人間関係を構築しておく

優秀なら必ず声がかかるはず

ビジネスを実験してみて、安定的に発注してくれるところを見つけられれば一安心です。仮にそうならなかった場合でも、「半分はうちの会社に籍を置いてくれないか？」といったような感じで、半分独立した形になるパターンもありえます。たとえば、1週間のうち3日間はそのお友達の会社、残りの4日間は起業のために使うなど、そういうこともできると思います。また、業務委託という形で仕事をもらえる可能性もあるでしょう。そもそも、**独立できるような優秀な人であれば、「週3日でいいから正社員として働いてほしい」といったように貴重な人材として欲しがられるはずです。**もし、そういった声がかからないのであれば、自分の実力が足りていない可能性もあるので、独立前にもう少し色んな力をつけたり人脈を広げたりすると良いかもしれません。

また、起業する前に働いていた会社との関係も重要です。退職するにしても、何カ月も前からきちんと伝えておくのと、1カ月前に突然伝えるのではまったく印象が変わります。きちんと、業務の引き継ぎをすることも大切です。つまり、ケンカ別れではなく円満に退社することが重要です。また、起業後に、働いていた会社に紹介できそうな仕事があれば積極的に紹介するなど、友好的な関係を構築しておきましょう。

自分が欲しがられる人材かどうかは重要

独立をするような優秀な人だったら
「週3日でいいから正社員でいてよ」
といったように欲しがられるはず

ありがとう
ございます
よろしく
お願いします
半分は
うちの会社に
籍を置いて
くれない？

半分独立した感じで働くことも可能

週3日
週4日
籍を置いている会社
起業したビジネス

［声がかからないのであれば
もしかするとまだ能力が足りていないのかも？］

03 前職の関係者に新事業について話しておく

自分のサービスについて聞いてみよう！

独立して起業する際、それまでの仕事とまったく関係のない業界、例えばＩＴ業界で働いていたのに教育業界で起業するといったことはあまりないでしょう。もちろん、絶対にないということではなく、別の業界で独立する人もいるとは思いますが、基本的にはＩＴ業界にいたのであればＩＴ業界で独立といったように、同じ業界で独立する人がほとんどのはずです。

それであれば、**自分の周りにいる業界の人たちに「こういうサービスで独立しようと思うんだけど、どう思う？」と、起業を考えているサービスについて聞いてみましょう。**「それ、いいんじゃない」となれば、起業後の発注にもつながるかもしれません。

ただし、前の会社と似たサービス、近いサービスだと前の会社の取引先とかぶってしまうかもしれないので、そこは気をつけましょう。

ただし、本当にすごいアイデアだと、普通の人に相談しても理解されない可能性があります。そのため、すごい人に相談して判断してもらわなければいけません。言い方は悪いかもしれませんが、普通の友達や同僚では、新しいアイデアの事業がいけるか、いけないかという判断はできない可能性が高いのです。そのため、誰に相談するかというのは、とても難しいところです。

自分のアイデアについて相談することが大切

起業を考えているサービスについて
同じ業界にいる身近な人に聞いてみよう！

こういうサービスで
独立を考えているけど
どう思う？
それいいと思う

話したことで発注につながる可能性もあるが
前の会社と似たサービスで起業する場合
取引先がかぶってしまうことになるので注意！

ただし……

本当にすごいアイデアだった場合
理解されない可能性があるので
優れた判断力を持つ人に相談して
判断してもらう必要がある

誰に相談して判断してもらうかは
難しいところなのでよく考えて決めよう！

04 簡単に説明できるビジネスモデルを作る

わかりやすく伝える言葉を考えよう！

「日本初！授業をしない武田塾」「年商1億円、2校舎からフランチャイズ化8年で年商100億円、400校舎に！」、どうですか？なかなかキャッチーでわかりやすいでしょう。

こういった感じで、**自分の事業内容をキャッチーに言えることは、とても大事なことです。武田塾の勉強法も、僕の体験に基づいた方法をキャッチーに「こうやって説明する」ということは決めていました。**

ですので、IT関連の会社なのか、秘書代行の会社なのか、美味しいメンマの会社なのか、どんなサービスや商品で起業するかはわかりませんが、それがどういうサービス、どういう商品なのかを、必ずキャッチーに言えるようにしておくことがとても大切です。

こうしたキャッチフレーズを考えるのは、けっこう大変です。自分で考えるのはもちろん、スタッフと話し合ったり、先輩の起業家に相談したりしてみてください。

そして、**自分のサービス、商品について熱く語れること、「どんなすごいサービス、商品なのか」ということを、しっかり喋れることが求められます。**そして、それは基本的に短い方がいいです。短くてキャッチーに、しかもわかりやすく、どういうサービス、どういう商品なのかを伝えられないといけません。

事業内容をキャッチーに言えることが大切

例 武田塾

日本初!
授業をしない。
武田塾
2校舎・年商1億円から
フランチャイズ(FC)化8年間で
400校舎・年商100億円に!

サービスの特徴や実績を
キャッチーにまとめているから
わかりやすく、伝わりやすい

FOOD

ビジネスにはいろいろなパターンがあるが
どういうサービス、どういう商品なのかを
短くキャッチーに言えるようにしておくこと!

05 自分の会社を「こうしたい!」という目標の立て方

世の中の共感を得られる目標とは?

会社を経営していくうえで、もっとも大切なことが、「社会をどう変えたいのか」という会社の理念です。起業のきっかけとして、「今の社会にはこういう問題があって、それをどう変えたくて、どんな社会を実現したいか」ということがまず前提にないと、世の中の人に伝わりません。

もうひとつ、**「もし、会社がうまくいったら3年後はこのくらいの規模になっている」という計画を立てておくこともおすすめです。**たとえば、起業1年目に評判がよくて、10社と契約できたとします。そうすると、これくらいの利益が見込めるので、これだけ人や設備、店舗などに投資できるということが見えてきます。それをもとに「2年目は30社、3年目は100社と契約できそう」といったことを試しに考えてみましょう。すると、「3年後は年間2億円は利益が見込めるので、いいオフィスが借りられそうだ」とか、「今は居酒屋で忘年会をしているけど、美味しいレストランで忘年会ができそうだ」とか、「社員旅行も3つ星ホテルにできるかな」とか、具体的なビジョンを描きやすく、自分自身もスタッフもモチベーションを持って仕事に取り組むことができるようになります。もし、**目論見通りにいかなくても、またそこから3年後を考えていけばいいのです。**

会社の理念はとても大事

起業のきっかけとして……

- 今の社会にどんな問題や課題があるのか
- それをどう変えていきたいか
- どんな社会を実現したいか

会社としての使命や存在意義、在り方を提示

↓

これが前提にないとみんなに伝わらない

3年後にうまくいっていたら……

- どれくらいの事業規模になるか
- どれくらいの収益になるか
- 社会がどう変化しているか

会社がどれくらい成長するかを考える

↓

3年後を見据えた計画を作ってみるのがおすすめ

会社として最も重要視する価値観や考え方を
しっかりと提示しておく！

06
お金を出してでも有名起業家に話をしに行く

相談するなら成功している人がいい

有名起業家に話をしに行くと言われても、そんなコネクションはないという人がほとんどでしょう。しかし、実はけっこうかんたんに会いに行くことができるのです。

たとえば、「令和の虎」に出演している社長さんたちが開催するオンラインサロン、塾や勉強会、イベントなどがあります。また、お金はかかりますが「令虎ラウンジ」で会うこともできます。令虎ラウンジでは10人～20人程度の少人数で桑田龍征氏と話すことができるなど、虎に出ている有名な起業家と直接話すチャンスがあります。詳しくは、令虎ラウンジの日程をチェックしてみてください。

自分だけでいけると判断して１００万円、２００万円をかけたり、３カ月とか半年とか時間を使ったりするのであれば、たとえ多少のお金がかかっても、本当に短い時間でもいいので、まずは有名起業家に会いにいって「これこれこういうことを考えていて、こういうビジネスで起業しようと考えているのですが、どうですか?」と相談しましょう。

ある程度、成功している人に「そのアイデアはいいと思う」「それは流行らないと思う」といったことを教えてもらえるだけでも、お金と時間をムダにしなくてすみますので、けっこう意味があるのではないでしょうか?

有名起業家に会うチャンスは意外とある

オンラインサロン
イベント
令虎ラウンジ

有名起業家が主催しているオンラインサロンやイベントに参加することで、直接話を聞いてもらうことができます。また、令虎ラウンジで開催されているイベントに参加することで、直接話すチャンスがあります。

こういうことをやって
こういうビジネスで起業しようと
考えていますがどうですか？

多少お金がかかっても
有名な起業家に直接会いに行って
起業について相談してみるのがいい

07 クレジットカードは起業前に複数枚必ず作る

クレカはいざというときの保険

正直なところ、クレジットカードがたくさんあって、ギリギリ資金がしのげたという経験は自分にはありませんが、周りの人たちからそういう話をよく聞きます。

起業してからだと、「安定収入」がないと判断されて社会的信用が乏しいとみなされるなど、さまざまな要因でクレジットカードを作れないことがあります。そこで、会社勤めで「安定収入」があって、社会的信用がしっかりあるうちに、クレジットカードは複数枚作っておきましょう。

そして、ある程度はクレジットカードを利用して、支払いの実績を作っておきます。クレジットカードの利用履歴は、「クレジットカードヒストリー（通称クレヒス）」と呼ばれ、本人の個人情報や契約内容の情報、支払い状況などが記録されていきます。この信用情報があると、クレジットカードの審査に通りやすくなります。逆に、支払いが遅れるとそれも記録され、審査に通りにくくなるため、注意してください。

やはり会社の資金繰りはとても大事です。また、**自分の生活費がギリギリというときに、クレジットカードのキャッシング枠がすごく助けになるということはあるでしょうから、何枚か作っておいて損はないでしょう。**

起業後はクレジットカードが作れない!?

起業してからだと与信や属性の問題で
クレジットカードを作れない可能性もある

クレジットカードの審査は、安定した収入があるか、カードの支払履歴、遅延や事故などの信用情報、自己破産の有無、契約しているカード会社の数などが考慮されるため、起業直後は審査に通りにくい可能性があります。

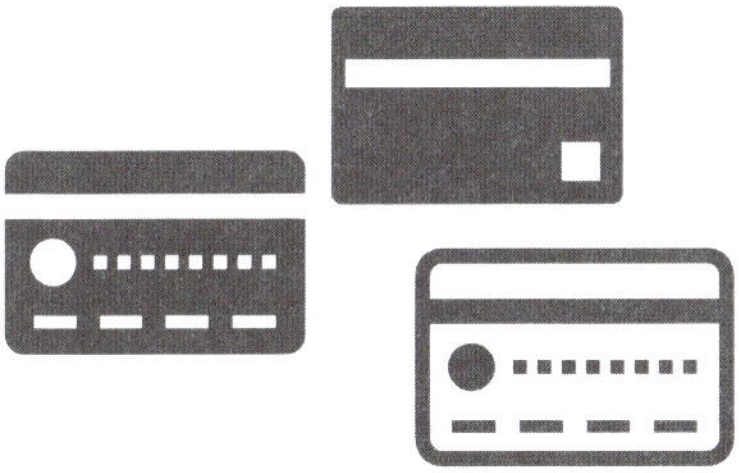

起業する前に
クレジットカードを
複数枚作っておこう

資金繰りや生活費に困ったとき
クレジットカードの
20万円とか50万円のキャッシング枠で
すごく助かったという話はよくある

クレジットカードは
作れるうちに作っておいた方がいい

08 起業する前から地銀や信金に個人口座を用意

少しずつ信用を積み重ねていこう！

起業したばかりの会社に対してお金を貸してくれるのは、日本政策金融公庫です。都市銀行はなかなか貸してくれません。そのため、なかなか難しいとは思いますが、日本政策金融公庫にお世話になりながら、地元の地方銀行、信用金庫とのお付き合いは、できるだけ早くから始めましょう。できれば、起業する前に個人口座を作って、お付き合いを始めておくのがベストです。

最初は、地方銀行や信用金庫から数百万円でいいから貸してもらい、それをしっかり返済します。この「借りて返している」という履歴がとても大事で、信用を積み重ねていくことになります。起業したての会社にいきなり５０００万円とか1億円なんて大金は、絶対にどこも貸してくれません。３００万円貸してきちんと返ってきているから、次は５００万円を貸しても大丈夫だなと判断されます。そして、その５００万円もきちんと返ってきているから、次は１０００万円貸しても大丈夫というように、だんだんと貸してくれる額が大きくなっていくのが、金融機関とのお付き合いです。

借りたお金をきちんと返しているという信用を積み重ねるために、地方銀行や信用金庫から借りられるのであれば、起業後すぐにでも借りた方がいいです。

借りたお金をきちんと返しているという実績が大事

大金はいきなり貸してもらえない

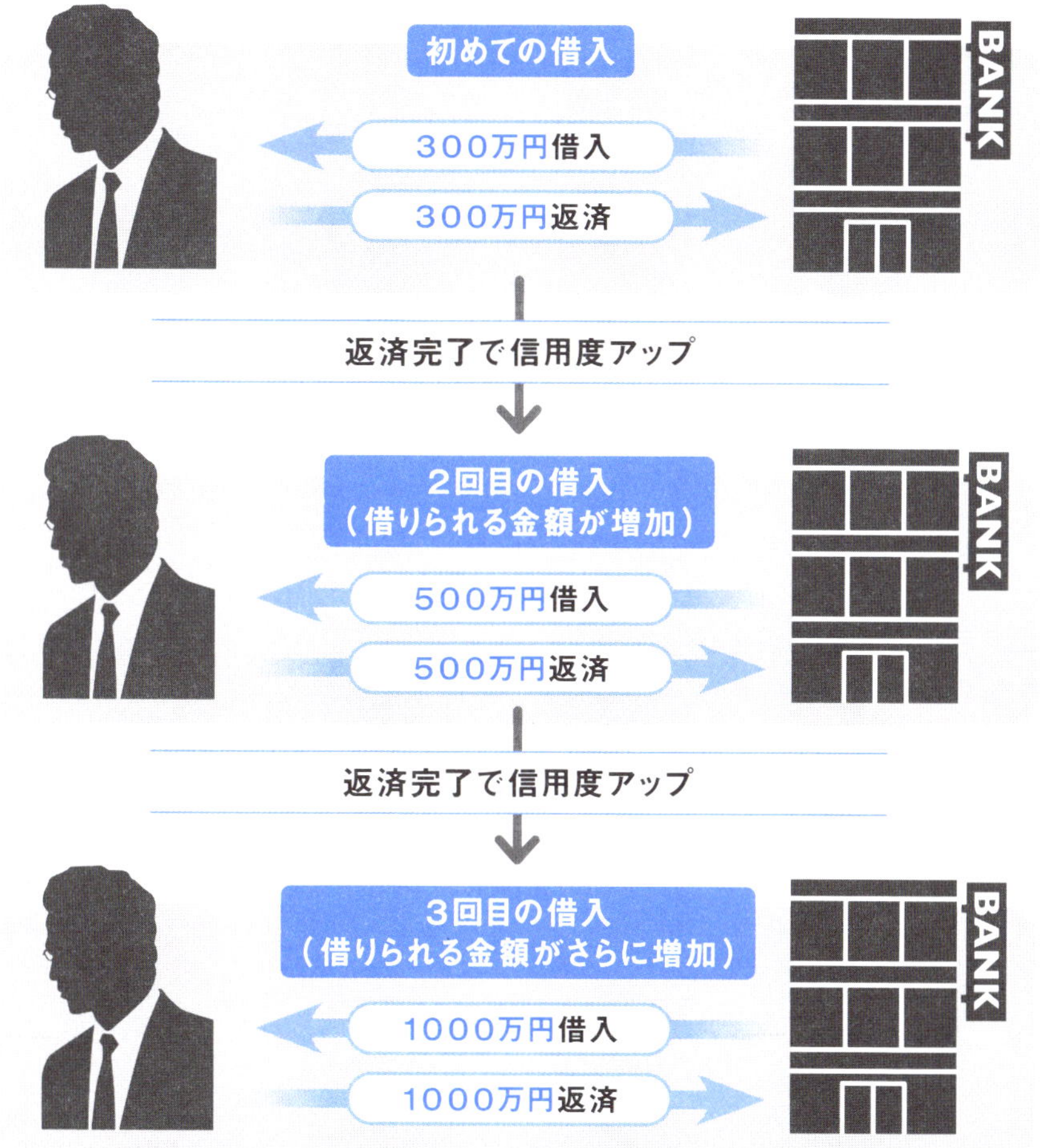

**地元の銀行とか信用金庫とのお付き合いは
できるだけ早くから始めるべき**

09 ビジネスで必要な仕入れ先などの会社は先に決めておく

一歩先を予想して計画をたてよう

起業したら、「こういう動きをするだろうな」ということや「これ必要なんじゃないか」というものをイメージしておいて、打てる手はいきなり打っておいた方がいいです。やりながら考えていくという方法もありますが、やはりビジネスのスピードをあげるためには、次はこういうことをする、次はこうやっていくというように、細かくチェックして計画を立てておくことが必要だからです。

　なかなか難しいことではありますが、たとえば、塾で起業するのであれば、入塾希望の生徒さん用の「申込書」「契約書」「規約」が必要になります。月謝を払ってもらうために、クレジットカード、銀行引き落とし、コンビニ払いなどを準備しておく必要もあります。生徒の個人情報の管理、しっかり生徒を指導するために「指導報告書」も必要になるでしょう。このように、自分のビジネスの流れをイメージしてみれば、ある程度は想定できるはずです。

　思い切って、同業他社に「何が必要ですか？」と聞くという方法もあります。自分が大学受験の塾であれば、競合しない小中学生の塾の人は優しく教えてくれるはずです。

　ビジネスを一気に広げるためには、こうした準備がポイントとなりますので、あらかじめしっかり考えておきましょう。

打てる手はすべて打っておいた方がいい

実際に起業した場合
「何が必要になるのか」を
あらかじめ考えて準備しておく

例 塾を起業する場合に準備しておくべきもの

運営・管理

- 申込書
- 契約書
- 規約 など

支払い方法

- クレジットカード払い
- 銀行引き落とし
- コンビニ払い など

必要書類

- 個人情報の管理
- 生徒の管理
- 指導報告書 など

同業他社でも客層が被らなければ
必要になるものを教えてもらえることが多い

ビジネスの流れをイメージすれば
必要になるものが浮かび上がる

COLUMN 2

起業を決めたきっかけは 塾への“怒り”から

私は、2004年12月4日、大学1年生の冬にアルバイトで貯めた30万円で株式会社を作りましたので、恥ずかしながら、起業してから20年になります。

起業したきっかけは、教育業界の問題――合格実績が嘘で騙されている受験生がたくさんいること、授業なんかいくら受けても成績は伸びないこと――を解決したいと考えたからです。合格実績をあげるために、もともと成績のいい人はただで通ってもらっていて、その実績を信じた成績の悪い人からお金をとっている予備校や塾があるのです。

数十人を集めて行う集団授業では、成績はあがりません。結局のところ「1授業いくら」という仕組みですから、授業を売れば売るほど儲かるビジネスです。そのため、とにかくたくさんの授業をとらせようとします。

つまり、授業の内容をきちんと消化できているのか、できていないのか、成績が伸びているのか、伸びていないのかにかかわらず、とにかく授業料がかかります。私はこの仕組みが間違っていると思っていました。なぜなら、私自身も4年間予備校に通って成績がまったく伸びなかったからです。そして、この経験が武田塾を起業するきっかけとなりました。

第3章

実際に会社を作ってみよう

01 資本金ってなに？

資本金の額は気にしなくていい

「資本金」という言葉は知っていても、それがどういう意味を持つものかご存知でしょうか？　実は、自分自身もあまりよくわかっていません。かんたんにいえば、**会社を運営する軍資金で、会社が運転資金として自由に使えるお金**なのですが、自分の会社はずっと少額の資本金で経営していました。武田塾は「株式会社エイバー」という会社名で、年商100億円以上稼いでいましたが、それでも、資本金は500万円とか1000万円くらいしかありませんでした。

　たまに「資本金が少なすぎるから」と言われたりした時もありましたが、結局のところあまり関係ないと考えています。なぜなら、会社に社長が1000万円を貸してしまえば、軍資金として1000万円あるわけです。会社を立ち上げて利益を出して、その利益で会社をどんどん回していけば、別に資本金がなくてもいけますので、特にそこまで気にしなくていいのではないでしょうか。大企業は違うのかもしれませんが、私はまったく気にせずに会社をやってきました。

　ただし、資本金が少なすぎるため会社の設立目的や犯罪利用が疑われ、法人口座を作れないケースが近年増えてきています。法人口座がなくても会社は運営できますが、極端に少ない資本金での設立は避けたほうがいいでしょう。

資本金の仕組み

ビジネスを進めるための元手＝資本金

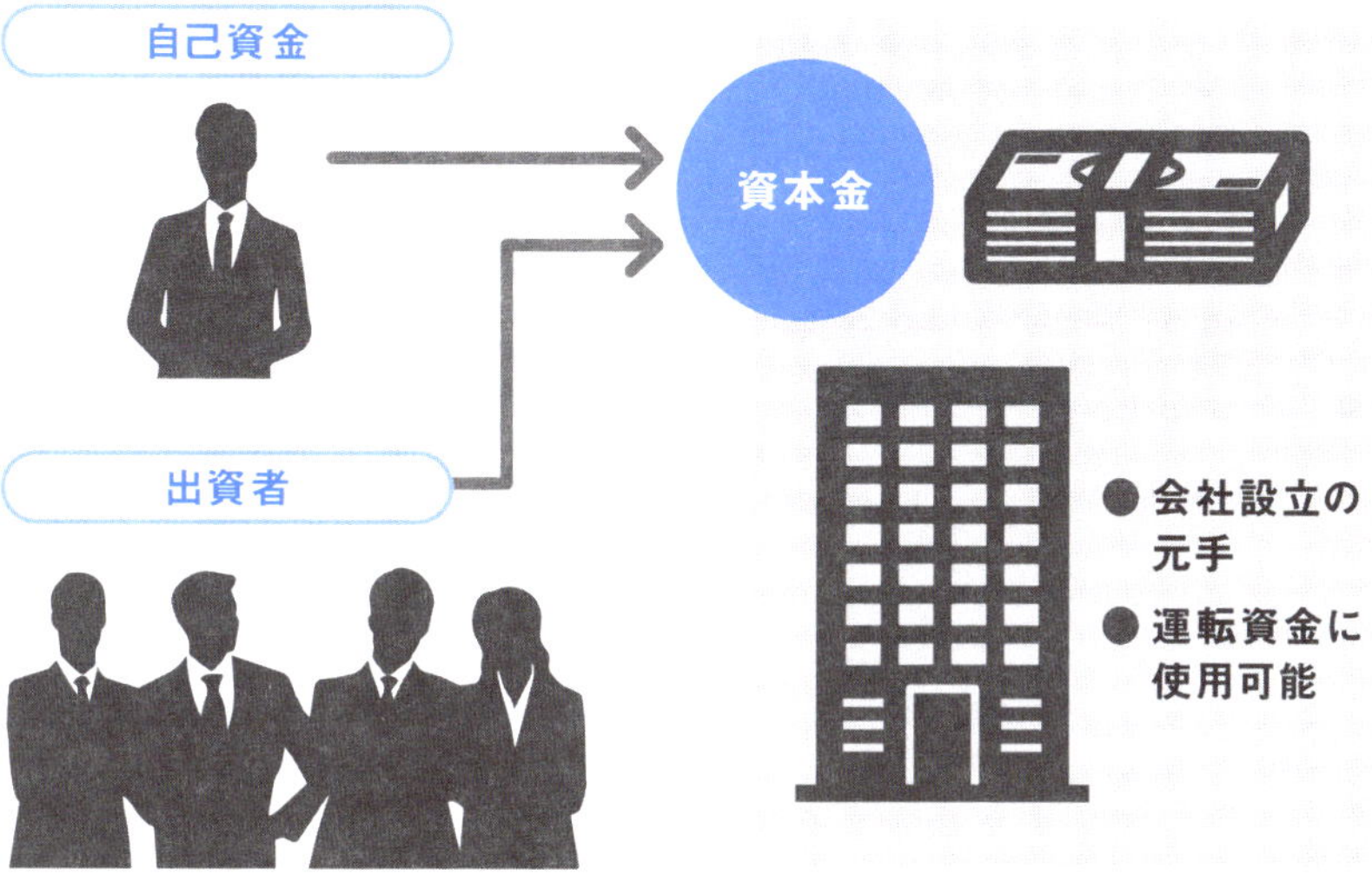

資本金を多くするメリットとデメリット

メリット

- **会社の信用**が高くなる
- **融資**を受けやすくなる
- **求人**しやすい
- **事業の拡大**がしやすい

デメリット

- **会社設立の費用**がかかる
- **法人税**の負担が増える
- 1000万円以上にすると**消費税の課税事業**になる

資本金を決めるポイントはいろいろあるが
資本金がなくてもビジネスは進められるので
特にそこまで気にしなくても大丈夫！

02 会社を設立する瞬間に必要なお金はいくら？

最初は元手のかからないビジネスから

会社を設立する時点で、いくらお金があればいいかというのは、業種や店舗の有無によって変わります。たとえば、いきなり店舗を作るのであれば最低1000万円は必要でしょう。

また、前述したように、そのお金がどこまでマイナスになっても大丈夫なのかということも重要です。たとえば、30万円で始めたのであれば、30万円よりマイナスになってしまってはダメですから、常に原価がかからないよう留意しながらビジネスを前に進めましょう。

つまり、いくらまでマイナスになっていいかを計算しようということなのですが、**基本的に最初は元手のかからないビジネスから始めるのがおすすめです。**

ただし、元手のかからないビジネスにはひとつ問題があって、誰もができてしまいます。たとえば、**無在庫のネット通販などは誰でもかんたんに始められるため、ビジネスとしては弱いのです。**

一方、大手の喫茶店チェーン「K」は出店するのに約1億円かかります。1億円かかりますが、ロードサイドに広い駐車場が併設された知名度のある大きな喫茶店を建てることができます。ほとんどの人はそんな喫茶店は作れませんから、それだけで参入障壁になっていて、ビジネスとして強いといえます。

必要なお金は業種によって変化

武田塾は
30万円でスタート

店舗を作る場合は
1000万円以上必要

設立したときに
いくら現金が
あればいいか？は
業種によって
変化する

元手よりマイナスになってしまったらダメなので
常に原価がかからないようにしてビジネスを前に進めよう！

広告はSNSの発信
（28ページ参照）

正社員ではなく業務委託
（24ページ参照）

一番初めは元手のかからないビジネスがおすすめだが
大きなデメリットが存在する

元手のかかるビジネス

例 人気喫茶店チェーン「Ｋ」の
フランチャイズ(FC)に加盟して
開店するには約1億円が必要

誰もができるものではなく
ビジネスとして強い

元手のかからないビジネス

例 無在庫のネット通販など
自宅で始められて
元手もほとんど必要ない

誰でもできてしまうため
ビジネスとして弱い

03 個人事業主か？株式会社か？ それともその他か？

株式会社を選択するのが一般的

起業する際、法人を設立するか、個人事業主としてやっていくかを選択することができます。法人というのは、法律上、人と同じ権利や義務を認められた組織を作り、そこで事業を営む形態です。個人事業主というのは、文字通り個人で事業を営む形態のことを指します。

ビジネスで利益を得ることを目的とする法人は営利法人とも呼ばれ、株式会社、合名会社、合資会社、合同会社の4種類があります。それぞれ特徴が異なり、起業するときに、個人事業主も含めてどれを選択すべきか迷ってしまうかもしれませんが、一般的には株式会社を選択します。

なぜなら、株式会社に入社する、**株式会社と取引するというのは安心感がありますが、個人事業主のところで働く、個人事業主と取引するというと、どうしても不安を感じてしまうからです。**

今の時代であれば、まったく気にしない人もいるのかもしれませんが、起業後の採用のことを考えたり、取引のことを考えたりすると、信用力のある株式会社にするのがベストです。

株式会社と個人事業主とで税制が異なるので、「利益がいくらまでは個人事業主の方が得」といったことはありますが、株式会社で起業した方がいいでしょう。

個人事業主と法人の違い

個人事業主	法　人

●「法人」を設立せずに個人で事業を営む人 ●手続きは必要なく即日開業できる	●法律上の別人格を作りそこで事業を営む形態 ●登記や定款の作成など所定の手続きが必要

個人事業主と法人（合同会社・株式会社）の主な違い

	個人事業主	法人	
		合同会社	株式会社
事業の主体	個人	法人	法人
登記	不要	必要	必要
設立費用	なし	約10万円	約22万円～
設立期間	即日	2～3週間	3～4週間
出資者の責任	無限責任	有限責任	有限責任
出資額	－	1円以上	1円以上
代表者の肩書き	－	代表社員	代表取締役
役員	なし	なし	1人以上
決算日	年末	任意	任意
会計処理	単式簿記・複式簿記	複式簿記	複式簿記
確定申告	必要	必要	必要
信用力	低い	やや低い	高い
融資	受けにくい	やや受けにくい	受けやすい

それぞれいいところと悪いところがあるが
信用力を考えれば株式会社を選択すべき

04 会社設立は必要書類を書いて法務局へ

自分の会社の設立が起業の第一歩

株式会社の立ち上げは、基本事項を決めて、必要書類を作成、資本金、印鑑などを用意して、法務局に行って会社の登記を申請するというのが基本的な流れです。

具体的には、最初に会社名や事業目的、資本金の額、決算月といった会社の概要を決めます。それが決まったら「定款」を作成します。定款というのは、会社の名称（商号）や事業内容、所在地などの基本情報や、会社経営の指針となるさまざまな規則を記載するもので、会社の憲法と言われるほど、重要なものです。

作成した定款が認証されたら、登記申請書を作成し、法人用の印鑑、資本金の払込証明書など会社の登記に必要な書類を揃えて、法務局へ提出します。登記申請には、登録免許税などの諸費用が約20万円ほどかかります。

登記が完了したら、登記事項証明書を取得し、法人口座の開設、印鑑証明書の取得、税務署などへ必要書類の提出を行って、会社設立の手続きは完了です。

やはり、**法務局に行って自分の株式会社を作るというのが、起業の第一歩となりますが、そこで安心してはいけません。**起業したらかならず儲かるわけではありませんので、きちんと売上があがることに重点を置いて、頑張ってください。

会社設立の流れ

①会社概要の決定	・会社名 ・事業目的 ・資本金の額 ・発起人 ・発起人の印鑑証明書 ・資金調達（必要な場合）

↓

②登記前の準備	・定款の作成と認証 ・法人用の印鑑を準備 ・資本金の払い込み／払込証明書の取得 ・登記申請書の作成 ・登録免許税の収入印紙貼付台紙 ・登記すべき事項 ・定款 ・取締役の就任承諾書 ・取締役の印鑑証明書 ・印鑑届書

↓

③登記申請	・法務局に登記申請書と必要書類を提出

↓

④会社設立後の手続き	・登記事項証明書の取得 ・印鑑証明書の取得 ・年金事務所、税務署、都道府県税事務所へ必要書類を提出 ・法人口座の開設 ・設立に使った費用の会計処理

05 不安なら顧問をつけよう

顧問のアドバイスは役に立つ

会社を立ち上げるときは、すごく信頼できる経営者や起業家の先輩に、顧問になってもらえるようお願いしてみましょう。会社が小さいときは資金繰りが大変だと思いますが、顧問料として5万円でも10万円でも払うことで、いつでも面倒を見てくれるという人が見つかるはずです。もしかしたら、顧問料を払わなくても、ずっと相談に乗ってくれるという人が見つかるかもしれません。

前述したように、会社の立ち上げ時は、経理やホームページ制作など、いろいろな会社に外注することをおすすめしています（24ページ参照）。とはいえ、いざ発注しようとしたときに、どの会社がアタリでどの会社がハズレかということを判断するのはなかなか難しいものです。信頼できる税理士や弁護士を探す際も同様でしょう。

そんなときは、**顧問になってもらった先輩に、どの会社、どの人に頼んだらいいのかを聞いて、「この会社がいいよ」「この人は信頼できるよ」と勧められたところに頼めば、まず間違いはないでしょう。**

私もいろいろな会社の顧問になっていますが、自分が発注して間違いなかったという会社をどんどん紹介するようにしていて、それで多くの人に喜ばれています。

顧問をうまく活用しよう

顧問を引き受けて
いただけませんか？

信頼できる起業家の先輩に
顧問になってもらうのがいい

いろいろな業務を外部に発注することになるが……

税理士　　ウェブ制作　　業務委託

どの会社がアタリで
どの会社がハズレかを判断するのは難しい

どこに頼んだらいいんだろう？

仕事に間違いがなかった会社を
紹介してもらえるので、
会社を何年かやっている先輩に
「どこに頼めばいいか？」を
聞いた方が早くて確実

起業するときの周りの反応

これはバランスが難しいのですが、起業のアイデアを話したとき、みんなに「それいいんじゃない」と言われ過ぎてもダメです。普通のビジネスモデルというか、みんながいいと思うのであれば、ほかの誰かがやりそうだからです。

それでは、みんなに「それダメでしょ……」と言われたらどうでしょうか？　私の場合、「日本初！授業をしない。武田塾」というコンセプトを話したら、「頭おかしいんじゃないの？」とか「これから少子高齢化なのに、今さら塾？」とか「これからはＩＴ系じゃない？」とか、いろいろ言われました。しかも、はじめは「２ちゃんねる（現５ちゃんねる）」で生徒を集めていて、まったく意味がわからない。

それにもかかわらず、武田塾はうまくいきました。つまり、みんなに「それダメでしょ……」と言われても、当たることはあるわけです。ところが、本当に世の中とズレていてダメなアイデアかもしません。

つまり、賛成されすぎても、反対されすぎても、あまりよくないのですが、この判断は本当に難しいです。そうした「いけるのか、いけないのか」は、私や起業家の人たちなら、ある程度は判断できると思いますので、できればそういった人たちに相談することをおすすめします。

第４章

起業してから はじめにやるべきこと

01 資金繰りの問題に向き合う

お金がなくなったらそこで終わり

起業する際の資金調達は、「調達する方法（14ページ参照）」で説明したように、公庫や銀行、知り合いの社長、親や友達から借りるといった方法があります。また、まずは働いて一定額を貯めてから起業という人も多く、私もそうでした。そして、繰り返しになりますが、一番のおすすめは、元手のかからないビジネスをすることです。難しそうですが、意外とできるものです。自分もわずか30万円の軍資金で始めています。

また、**起業したあとの資金繰りについても、しっかり考えておかなければなりません。**お金はとても大事です。**お金がなくなったら、それで本当に会社は終わってしまいます。**しかも、自分だけの問題では終わりません。いろいろな関係先、関係者がいるなかで、**取引先に代金を支払えない、従業員に給料が支払えないというのは、大変な事態です。相手も「いついつにいくらもらえる」と信じて、会社の運営資金だったり生活費として計算に入れていますので、大変な迷惑をかけることになります。**

ですから、起業したては本当にお金が苦しいのですが、できるだけ手元にキャッシュを持つようにして、最低限他人に迷惑をかけないようにしないといけません。**信頼はお金では買えない**ということを、肝に銘じておいてください。

お金がなくなったら本当に終わり

周りの人たちに迷惑をかけないことも重要

起業した直後は資金繰りが苦しいものですが、少しでもいいから手元にキャッシュを残すようにしておきます。最悪の場合は、身近な人たちから借りてでもお世話になっている人たちへはきちんと支払いましょう。

もし、お金が足りなくなって
いろいろな関係先や社員・アルバイトに
給料が払えないと……

↓

関係先　業務委託先　社員・アルバイト

相手もお金がもらえると思って予定を立てているので
お世話になっている人たちに大変な迷惑をかけてしまう

自分の会社のことも大切だが
お世話になっている人たちには
絶対に迷惑をかけないようにする

02 お金のことは税理士にお願いする

税理士は経理のスペシャリスト

毎月のお金の動きをきちんと出す、月次決算や年次決算、期の途中での税金支払い、源泉徴収など、会社の経理はやらなければいけないことが本当にたくさんあります。これを自分でやるのは本当に大変なうえに、**税務署への申告や納税を間違うといろいろ面倒ですので、税理士に依頼することをおすすめします。**

特に重要なのが、月々の数字をしっかり出してもらうことです。会社にお金の余裕があるのか、ないのかはとても大事で、余裕があれば安心という話でもありますが、急いで使わないともったいないということもあります。

たとえば、１億円の利益が出ると、だいたい35％くらいは税金ですので６５００万円が手元に残ります。仮に来期６０００万円でなにかしようと考えているのであれば、今期のうちに使ってしまった方がいいのです。なぜなら、今期３５００万円の税金を払って、来期６０００万円使うと５００万円しか残りません。ところが、今季中に６０００万円使っておけば、４０００万円の利益に対しておおよそ１２００万円の税金を納めて、２８００万円が手元に残るのです。ただし、そのすべてが当期分の経費として認められる場合に限ります。**どうせお金を使うなら、今期なのか来期なのかは、数字を出してもらうことで判断できるようになるのです。**

お金のことをしっかり把握するメリット

税理士に頼めること

- 毎月の数字
- 四半期決算
- 年次決算
- 源泉徴収
- 期の途中での税金支払い

例 決算で1億円の利益が見込めることがわかった場合

そのまま何もしないと……

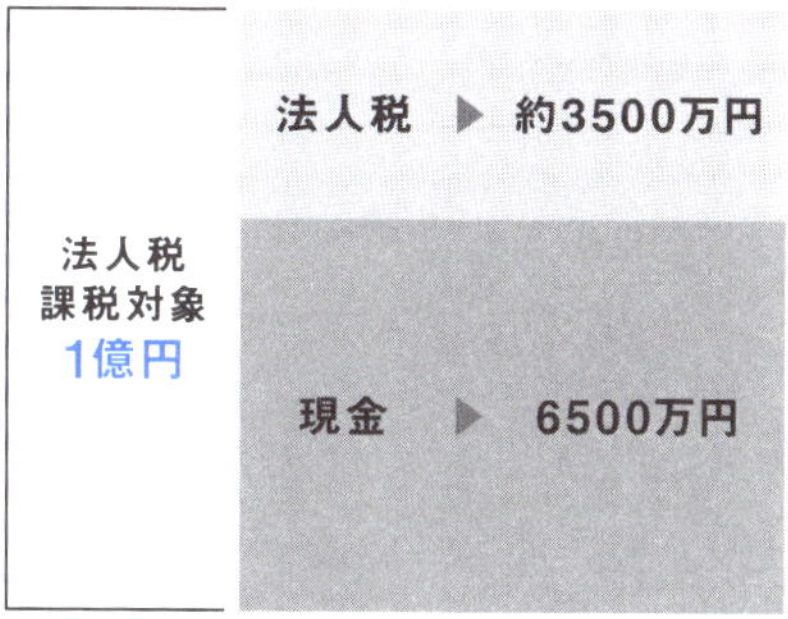

1億円に法人税が課税され
現金約6500万円が残る

6000万円を投資すると……

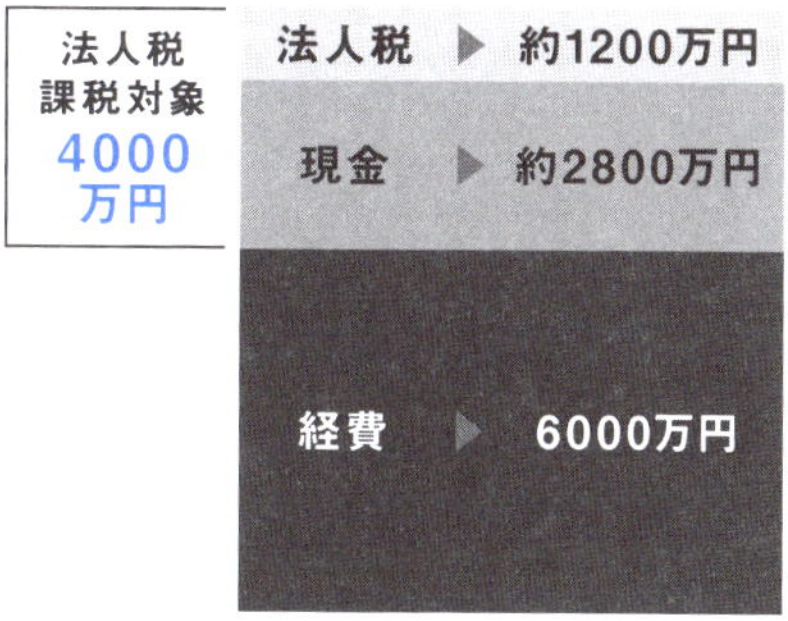

6000万円の先行投資により
法人税が約3分の1になる

※6000万円分が当期分の経費として認められる場合に限る

数字をしっかり出してもらうことで
先手を打って資金を有効に活用できる

03 黒字で利益0? 在庫と売掛金、銀行への返済の仕組み

会社経営は本当に大変!

たとえば、商品を100万円で仕入れたとします。商品代金として100万円を支払ったので、現金は100万円減っています。ところが、この**仕入れた商品を在庫として持ったまま決算をまたぐと、「換金資産」とみなされ課税対象となります。**在庫は売ってお金に変えることができるので、100万円分の商品在庫は100万円持っていることになり、法人税を30%払ってくださいとなってしまうのです。これがけっこう大変で、**黒字でも会社が倒産してしまうこともあります。**

また、銀行から1000万円借りたとしましょう。そして、1000万円の利益が出たとします。プラスマイナスゼロに思えますが、そうならないケースもあります。借りた1000万円を経費として使っていれば利益から差し引かれるので問題はありませんが、経費として使っていなかった場合、1000万円がまるまる利益とみなされてしまいます。すると、法人税が30%課せられて、300万円納税して、残りの700万で借金を返さないといけません。これがけっこう厳しいです。

会社経営は、こういうことがありますので大変ですが頑張りましょう。キャッシュフローは何よりも大事です。今、現金がいくら会社にあるかというのが、重要になります。

企業会計と法人税の仕組みは複雑

在庫は課税対象となることに注意

商品を
100万円で
仕入れる

100万円分の
在庫

在庫はいずれ現金化される「換金資産」のため
現金預金と同じ扱いを受ける

決算をまたいだ時に在庫があると
現金預金とみなされ法人税が課税される

借入金の使途にも注意

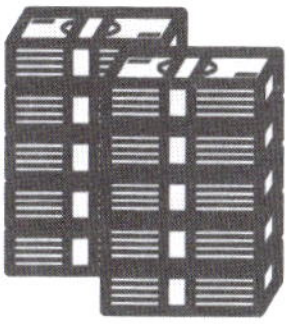

借入金
-1000万円

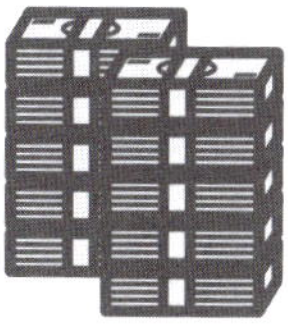

利益
+1000万円

お金は計算上
±0
だが……

借入金1000万円を経費として
使っていないと利益1000万になり
法人税30%も
課税されてしまう。

その結果、手元に残るのは
700万円で
借入金を返済することが
できない。

「黒字でも倒産することがあるので
キャッシュフローは何よりも大事」

04 起業後、やるべきことは とにかく営業

売上があがることに全力を注ごう

前述したように、起業後にやるべきことはとにかく営業です。売上があがることに全力で集中してください。会社の業務は、経理や書類作成などいろいろあると思いますが、そういったことよりも、**ひとりでも多くの知り合いや社長さんと名刺交換をする、会社や社長のＳＮＳを一生懸命更新する、リスティング広告を打つなど、とにかく、これで売上があがるだろうということに全力で取り組みましょう。**たとえば、あなたがホームページ制作会社で起業したのであれば、とにかくホームページ制作の依頼が来るであろうことに集中しないといけません。

そのとき、重視すべきことは、「いかに自分のことを覚えてもらうか」ということです。そのためには、キャッチーな社名が必要ですし、短い自己紹介も必要です。面白い人の方が印象に残りやすいのも間違いありません逆に、話が長くてつまらない人は、悪い意味で印象に残ってしまいます。

また、**名刺交換をした人には、お礼のメールやＬＩＮＥを送りましょう。**「昨日はありがとうございました。またぜひよろしくお願いします」のようなテンプレートではダメです。思い出に残った話の感想を書くとか、感銘を受けたことを書くとか、心のこもった内容のものを送って、自分を印象付けましょう。

とにかく自分のことを覚えてもらうことが重要

自分を印象付けるために必要なこと

- キャッチーな社名
- 短い自己紹介
- 面白い人物像
- 印象に残る話

名刺交換をした相手には……

- メールでもLINEでも
  しっかりきちんとお礼をする
- テンプレートの文面はNG
- 必ず話した内容に関して
  思い出に残ったこと
  すごいなと思ったこと
  感想などを自分の言葉で伝える

会った人に自分のことを印象付けて
覚えてもらう工夫が必要

05 自身の企業の認知度を広めるコツ

ＳＮＳを徹底的に活用

自分の会社のサービスや商品をより多くの人に知ってもらうために、広告を打つ、いろいろな交流会や展示会に参加する、ＳＮＳやブログを更新するなど、できることはいろいろありますが、やはり一番はＳＮＳです。

たとえば、私が「こういう商品があるよ」とＸでポストしたら、すぐに何万もの人がそのポストを目にします。サッと書いて投稿するだけですから、とても効率がいいといえます。広告を打ってそれを数万人に届けるというのは、とてもお金がかかりますから、できるだけＳＮＳを伸ばした方がいいと思います。

もちろん、広告運用でも利益率の高い商品やターゲットを絞り、きちんと売れるものであれば、とてもいいと思います。

それでは、どのようにＳＮＳを伸ばしたらいいのでしょうか？　私は、日々遊んで面白いことをしていると、その面白さが漏れ伝わって自然に伸びていくと考えています。もしくは、経営の実力があって、本当にためになることを発信していくことができれば、それでも伸びるでしょう。**結局は、その人の面白さなり、その人の実力なりが問われていて、**ＳＮＳをどう伸ばすかというのは、毎日が楽しかったり、経営の実力があったりして、それを発信していくことで自然に伸びていくものなのです。

SNSを伸ばすのがもっとも効率的

自分の商品やサービスの認知度を広める方法

SNS　ブログ　広告　展示会　交流会

今1番力を入れるべきものはSNS

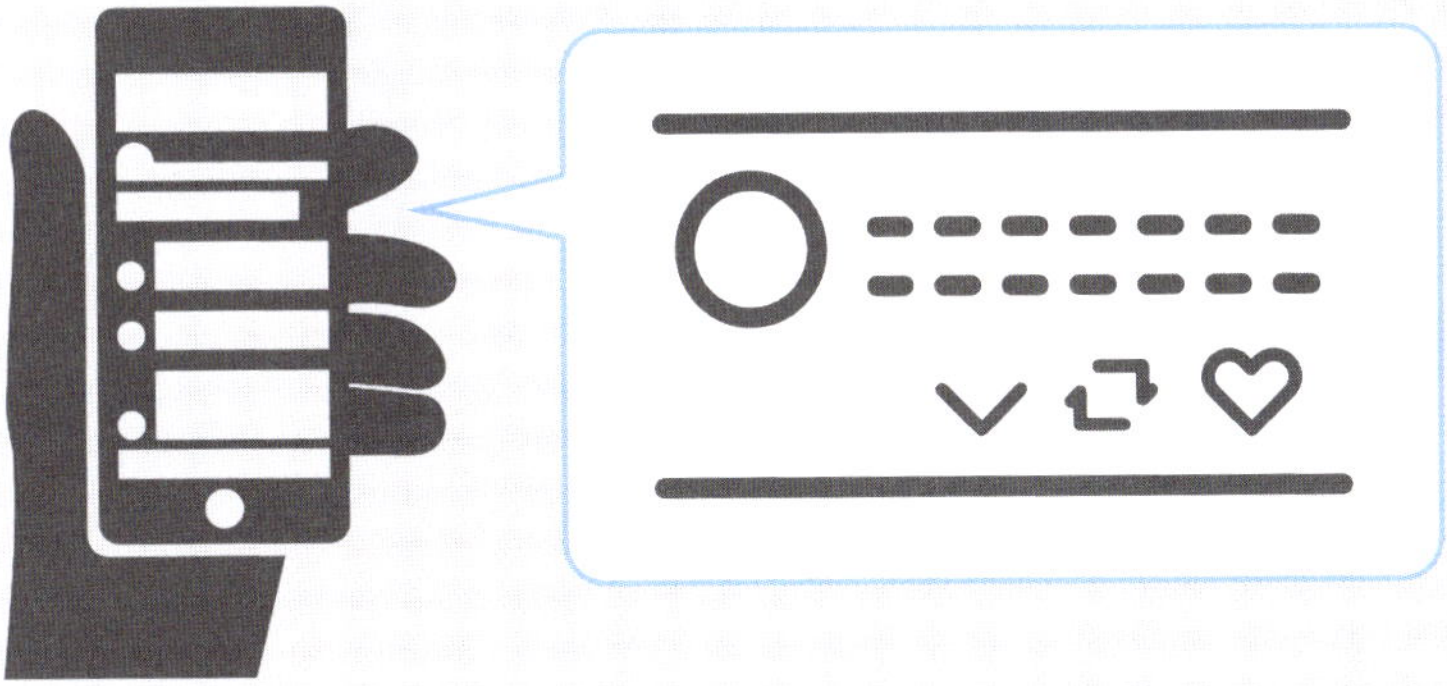

SNSのフォロワーを増やすには？

- 日々遊んで面白かったこと、楽しかったことを投稿する
- 経営の実力があって本当にためになることを発信する

本当に面白い話、ためになる話だからこそ
たくさんの人に「有効な情報だな」と思われて
その結果SNSで拡散していくもの

06 優秀なパートナーを見つけるとうまくいく

一緒にやってくれる仲間を探そう

あなたが起業するときに、一緒にやってくれるいい仲間はいますか？　できればいた方がいいです。経験上アドバイスできることは、すでに独立している人でも「起業するので会社のこの部分を手伝ってほしい」とお願いしたら、意外と引き受けてくれるということです。

大学生やフリーランスだけではなく、勤めている人、もう会社をやっている人でも自分の仲間に引き入れることができます。「この業務を手伝ってほしい」「こういう仕事をやってほしい」と思い切って頼んでみましょう。

私は経理がまったくできなかったので、それは全部やってもらっていました。ですから、各分野の専門家だったり、自分に足りない部分を補ってくれる人を見つけると会社はうまくいきます。たとえば、自分にはいいサービスがあるけど、それを売り込む営業が苦手ということであれば、営業が得意な人にお願いすればいいのです。自分に起業するようなアイデアはないが、営業が得意という人は必ずいます。

最初は小さい部分の手伝いから始めてもらった人が、気がついたら会社のナンバー2になっていたり、会社の幹部になっていたりということも珍しくありません。自分が頼む場合でも、頼まれた場合でも、選択肢のひとつとして覚えておいてください。

自分に足りない部分を手伝ってもらう

各分野の専門家や
自分に足りない部分を持っている人を
パートナーにすると会社はうまくいく

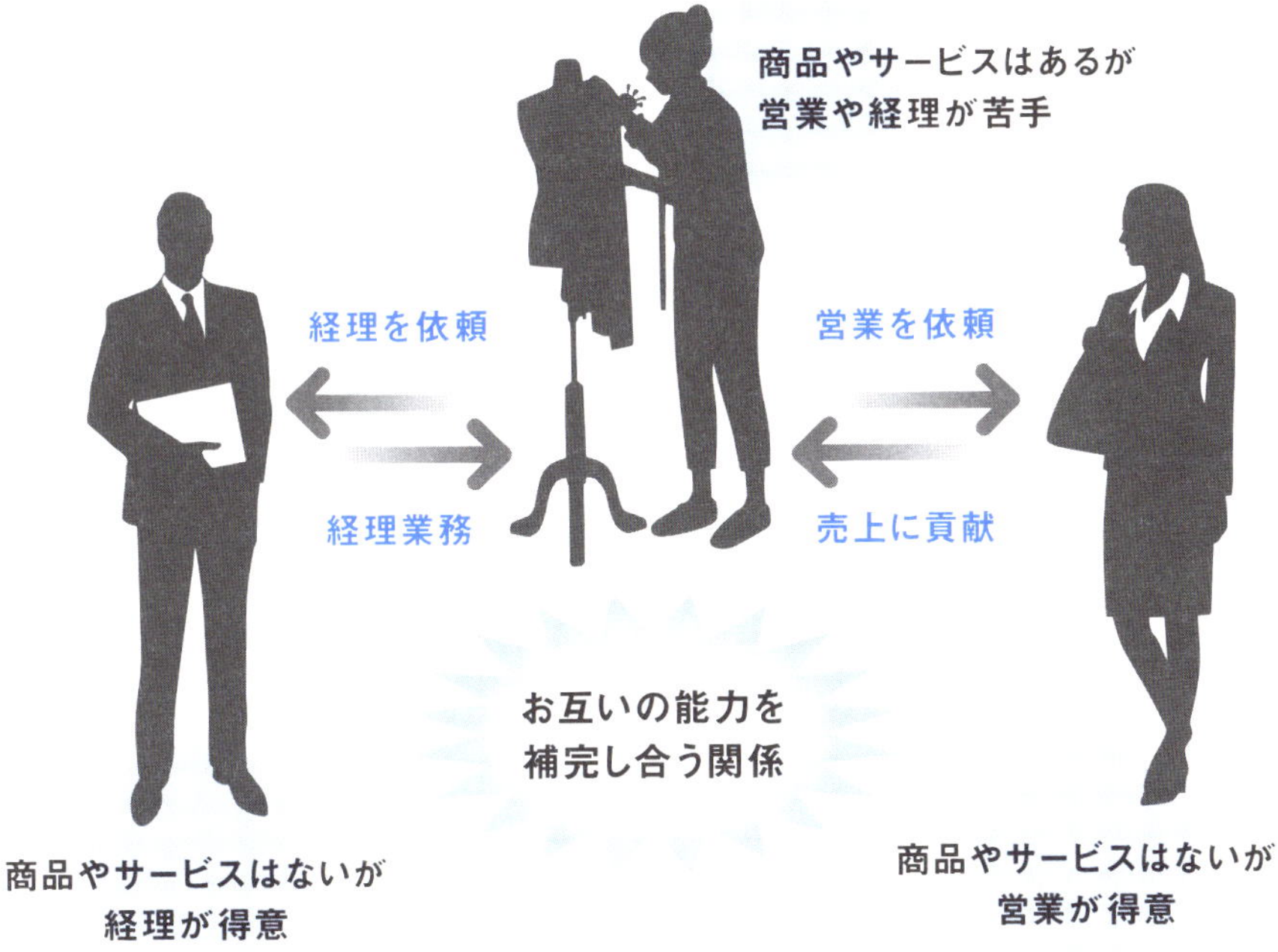

それぞれが自分の得意分野を活かして
お金を稼げるようになるので
ウィン・ウィンの関係になれる

07

大企業にも勝てる発想力の作り方

大企業のスキをつく！

大企業は資金力もあって、人材も豊富ですが、特定の分野であれば大企業のスキをつくことができます。いわゆる「差別化を図る」ということですが、大企業が大きいがゆえにできていない部分、それなりの大きさのマーケットは存在するものの、大企業から見たらそこまで大きくないという市場を狙って、取っていきましょう。

たとえば、河合塾や駿台というのは、1クラス40人で科目ごとにたくさんの授業を行うという形式でたくさんの受験生を集め、しっかり利益が出ているので、わざわざその形式を変える必要はありません。

しかし、毎週、講師が40人の前で授業をするだけでは、成績はあがらないと実感していました。そこで、とても手間はかかりますが、生徒ひとりずつに宿題を出して、本当に理解したかをテストで確認して、勉強方法もあっているかを見て、次はこうやって勉強しましょうというように、個別に見る塾のほうが河合塾とか駿台とかより成績が伸びるはずだと考えて「武田塾」を作りました。だから、大手の予備校にも勝てたわけです。

そういうふうに、大手ができない、この分野は空いているはずだというところで、大手とは差別化を図ってやるのがいいと思います。

大企業のサービスや商品とは違う市場を狙う

大企業が参入してこない市場に参入する

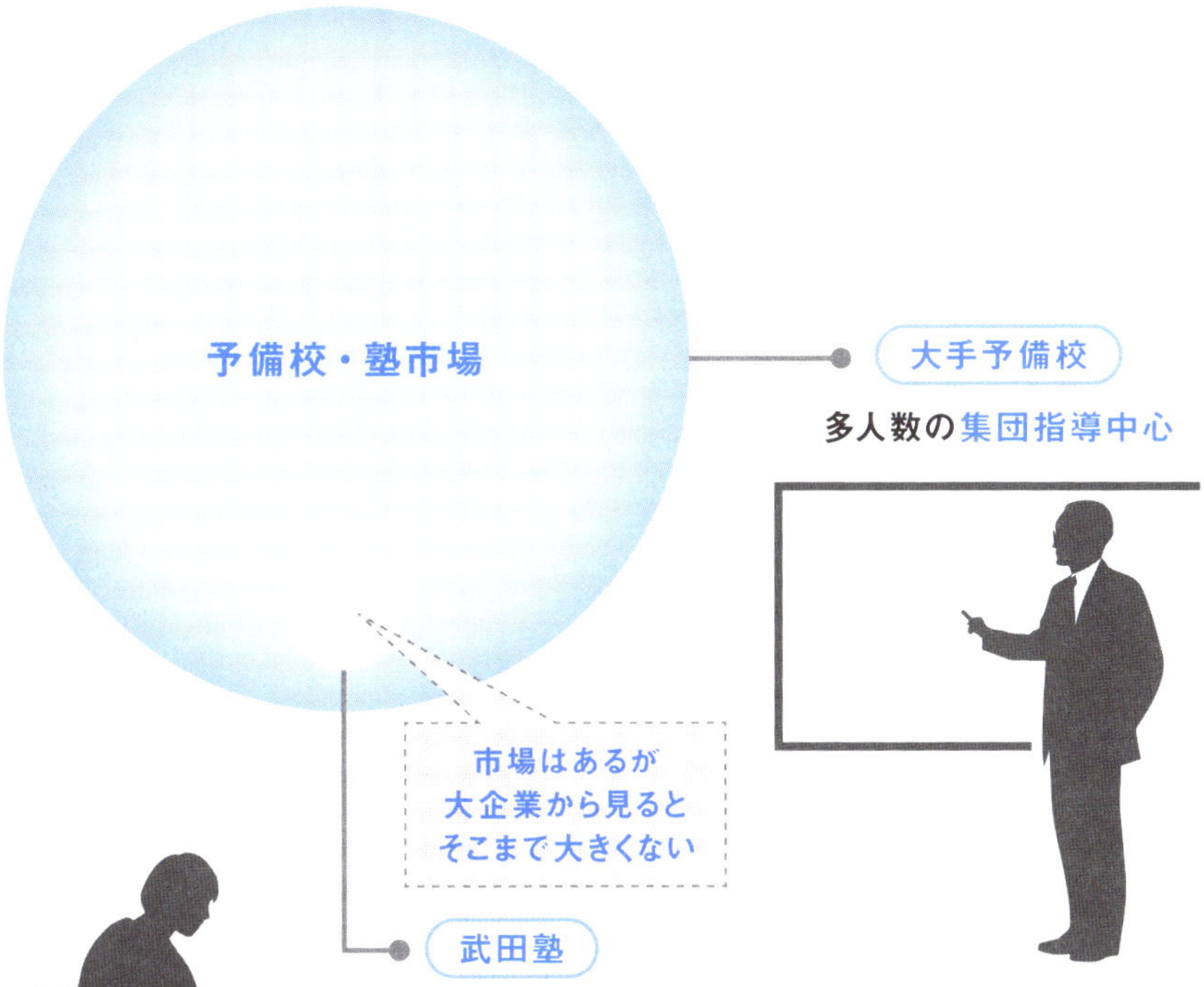

少人数の個別指導中心

大手の予備校は、多人数への集団授業を科目ごとに行う方式で、大きな市場を獲得できます。対して、武田塾は個別指導のため、大きな市場はとれませんが、大手予備校のとれない市場をとることができます。

大手ができない、大手はやらない
この分野は空いているはずだというところを
差別化を図ってやるのがいい

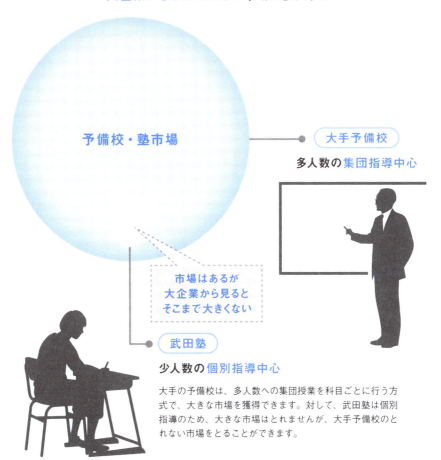

08 売り物の原価率を考える

会社にはお金が残りにくい……

なかなか難しいことですが、しっかりと原価率を考えてサービスや商品を開発しましょう。

原価率が80％の商品は１００万円分売っても20万円しか利益が出ません。もちろん、原価率80％でも、売価1億円で２０００万円の利益が出て、しかもそれがけっこう売れるのであれば、それでいいと思います。極論すれば、１００億円の商品なら原価率99％でも1億円儲かるわけです。とはいえ、そんな商品はまず存在しませんから、**基本的には利益率が高くないと会社は回らないと覚えておいてください。**

会社を経営するには、人件費もオフィス代も広告費もかかります。そして、少し利益が出ても、毎年法人税で取られますので、けっこうな金額が飛んでしまいます。実は、会社にはなかなかお金が残らない仕組みになっていますので、利益率が高いものでないと、会社はうまく回らないのです。

そう考えた場合、業種、業態によって変わってくるので一概には言えませんが、**やはり原価率は50％以下に抑えないと、経営は厳しいと思います。特殊な例を除けば、原価率が70％あるとかなり厳しいと思います。**

武田塾の場合は、直営校舎の原価率は15％、フランチャイズ（ＦＣ）校舎は原価率30％なので、かなりいい数字だと自負しています。

商品の原価率はとても重要

基本的に原価率が低くないと会社は回らない

原価率の高い商品
原価率80%：利益率20%

100万円分売って
20万円しか
利益は出ない

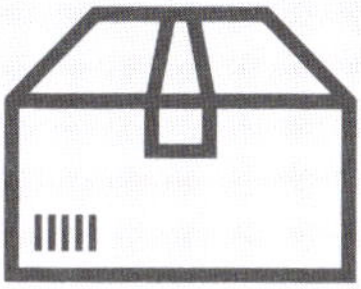

原価率の低い商品
原価率20%：利益率80%

100万円分売って
80万円の
利益が出る

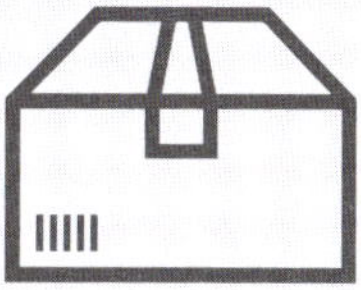

多少利益が出ても
出ていくお金は多い

オフィス代　人件費
広告費　法人税

原価率が80%でも
1億円で売って
2000万円の利益が出るものが
そこそこ売れるならいいが……

会社はなかなかお金が残らない
仕組みになっていることに留意

09 お金をかけずにできる マーケティング法

風のうわさもバカにできない

魚がいないところで釣りをしても絶対に釣れないのと同じように、ニーズのないところでビジネスを始めても絶対に儲かりません。そのために市場の調査とマーケティングが必要になります。

市場調査とマーケティングはお金も時間もかかるものですが、東洋経済新報社が出版している『会社四季報業界地図』という本を活用すると、たったの２０００円弱である程度できてしまいます。この本は毎年8月下旬に出版されていて、市場規模、動向、収益構造といった、各種業界のさまざまな情報がすべて網羅されていますので、これを買って読むだけでおおまかな情勢は掴むことができるでしょう。

あとは風のうわさになってしまうかもしれませんが、「あの会社が儲かっているらしい」「インスタのスクール関係がすごく多い」といった話が、**顔の広い人のところにはたくさん入ってきます。**自分もたくさんの会社の顧問をやらせていただいていますので、そういった話は本当にたくさん入ってきます。

こういった最新動向、業界のうわさ、今どの分野がすごく儲かっているといった情報は、顔の広い人に聞いたらわかりますので、やはり、お金を出してでも有名起業家に話をしに行く（42ページ参照）のは有効だと思います。

お金をかけない市場の調査方法

『業界地図』を読めば
市場の動向がわかる

- 193業界を網羅
- 各業界の市場規模や動向
- 各業界の収益構造
- 各地域の業界地図

など

『会社四季報業界地図』は、193業界のさまざまな情報を網羅した本です。市場調査だけでなく、営業先の開拓や社員研修にも活用できますので、とても役に立ちます。

顔の広い人のところにはさまざまな情報が入ってくる

あの会社
すごく儲かっている
らしいですよ

インスタの
スクール関係が
すごく増えて
いますね

顔の広い人に聞くことで
さまざまな噂や情報が手に入る

10 トライアンドエラーを繰り返し、撤退も見極める

撤退を決断すべきタイミング

起業してみてうまくいかなかったら、潔く撤退することも大事です。たとえば、新しいサービスをはじめて、最低限の売上が立っているものがあったとします。

そのサービスを自分がXで紹介すれば、少なくとも数万人、うまくいけば１００万人に見てもらうことができます。また、「フランチャイズチャンネル」で紹介されれば、少なくとも３０００人から５０００人には、見てもらうことができます。

それだけ多くの人に届いているにもかかわらず、そのサービスがそれ以上伸びなかったとしたら、**値段設定が間違っていたりとか、実はそういうニーズがあまりなかったりとか、どこかに問題がある可能性が考えられます。**

同様に、令和の虎に出演してサービスをプレゼンして、多くの人に見てもらったにもかかわらず、発注がなかったら、「あまりニーズがないんじゃないの？」ということもあります。

そういった場合は、**トライアンドエラーで、価格設定を変更したり、サービスの質や内容を変更したり、ターゲットを変更したりしてみましょう。それでも、お金がどんどんなくなっていったり、赤字ではないもののあまり売上があがらなかったりしたときは、撤退ということを考えるタイミングではないかと思います。**

撤退を考えるべきタイミング

起業してみてダメだったら潔く撤退することも重要！

起業していきなり上手くいくことは、まずありません。自分のサービスに発注がない、商品が売れないといった場合は、問題点を洗い出して改善していきましょう。それでもダメなら、ズルズル継続するのではなく、潔く撤退を決断すべきです。

有名起業家がXへポストしてくれたり
令和の虎やフランチャイズチャンネルで紹介

↓

確実に多くの人に届いているにもかかわらず
商品が売れない、サービスの受注がない場合

↓

商品やサービスの値段が適正ではなかったり
そもそもニーズがなかったりする可能性がある

↓

問題点を改善しても状況が変わらない場合は
撤退を考えるべきタイミング

お金がどんどんなくなっていったり
売上があがらなかったりしたときは潔く撤退

11 まずは軌道に乗せる

最初はとにかく一生懸命働く！

起業してはじめの頃は、とにかく売上があがるように、全力でやるしかありません。私も武田塾を起業したときは、本当に大変でした。生徒たちに教えながら、駅前で生徒募集のビラを配り、いろんな人に会いに行くなど、連日連夜一生懸命働きました。とにかく、起業直後はセルフブラック企業になってしまいますが、**経営を軌道に乗せられるように、売上が1円でも多くなるように、仕事に全力投球するしかありません。**

そもそも、起業した会社とか新規事業がうまくいくなんてことは、基本的にとても難しいことなのです。私に対して、さまざまな事業を次々と成功させた起業家という印象を持っている方がいるかもしれませんが、実は武田塾やフランチャイズチャンネルのように成功した事業より、失敗した事業の方がはるかに多いのが事実です。

それでは、どのような状況になれば軌道に乗ったといえるのでしょう。**目安となるのは、「損益分岐点を越える」「自分が生活できるだけのお金が入ってくる」「事業に新しい投資ができる」「新しく人を雇えるようになる」といったことだと考えます。**こうした状態になれば、おそらく経営者も経営が軌道に乗ったと感じられると思います。

起業直後はセルフブラック企業も致し方なし

とにかく
売上があがるよう
一生懸命頑張る！
24h

軌道に乗ったといえるのは？

- 損益分岐点を越える
- 自分が生活できるだけのお金を稼げている
- 少し利益が出て新しい投資や雇用に使える

起業や新規事業を成功させるのは
基本的にとても難しいこと
売上があがるように全力でやるしかない！

12 売上は複数の取引先で立てるようにする

リスクの分散を考えよう

取引先が集中している方がいいのか、分散されている方がいいのかという話なのですが、これには諸説あります。

たとえば、取引先が1社で売上が1億円あった方が、営業、経理、納品などいろいろと楽なのは間違いありません。しかし、取引先が10社あって1社1000万円で合計1億円の売上がある方が、自分はいいと思います。

なぜなら、もし1社1億円でやっていて、ある日契約を解除されてしまったら、いきなり売上はゼロになります。その会社が突然倒産するリスクもあります。

その点、10社で1億円の売上なら、1社契約を解除されても9社9000万円の売上が残ります。リスクが分散されるので、こちらの方がいいといえます。

さらに心配なのは、1社で1億円の売上がある場合、果たしてその会社以外にも売れる商品なのか、他にニーズがある商品なのかということがわかりません。もし、10社に売れていれば、10社も欲しがる商品なら一定のニーズがあるだろうという判断ができます。

これには、いろいろな考え方がありますが、自分はたくさんの会社と取引は分散されている方が、契約解除や倒産といったリスクも分散されるのでいいと思います。

1社集中か？　複数社分散か？

同じ1億円の売上でも……

1億円×1社
＝1億円

1000万円×10社
＝1億円

取引先1社で1億円の売上がある方が楽だが
取引先10社で1億円の売上がある方が安心

理由

- 1社解約されても9000万円の売上が残る
- 10社が欲しい商品ならニーズがあるということ

どちらがいいかは諸説あるが
たくさんの会社と取引は分散されている方がいい

13 アルバイトを雇う？　雇わない？

アルバイトは活用すべし！

アルバイトを雇って、働いてもらうのはすごくいいことです。正社員は採用しにくく、採用したらしたでかんたんに首にはできません。面接をしていても、能力的に足りていない可能性もあります。なにより、正社員は毎月一定の人件費がかかることが確定してしまいますので、**お金のない起業直後は、特にアルバイトを活用しましょう。前述したように業務委託（24ページ参照）も活用した方がいいです。**

アルバイトは、時給制のシフト勤務で、基本的に各種保険の負担もありません。そのため、人件費が正社員よりもかからないというメリットがあります。そして、**大学卒業後は一流企業に就職するような優秀な人材が、アルバイトだからこそ、起業したての小さな会社でも働いてもらえるというメリットもあります。**仮にこういった人たちに、起業したての会社に「入ってくれないか」と誘っても、まずきてくれないでしょう。当たり前の話ですが、ほとんどの人は一流企業を選択します。

ただし、アルバイトで働いていた大学生が、そのまま武田塾に入社することはありました。実はこれ「塾あるある」のひとつですが、どんな能力を持った人材なのかが明らかなうえ、業務内容も把握しているので、安心して雇うことができました。

アルバイトは積極的に雇おう！

正社員を雇うのは大変	アルバイトは雇用しやすい
●固定時間制勤務	●シフト制勤務
●月給制・年俸制	●時給制
●有給休暇あり	●有給休暇あり
●賞与あり	●賞与なし
●雇用保険・社会保険の費用負担なし	●雇用保険・社会保険の費用負担なし（例外あり）

お金も知名度もない起業直後に
貴重な戦力となる学生アルバイト

大学を卒業したら
一流企業に就職する
優秀な人たちが……

学生時代なら
アルバイトとして
働いてもらえる

学生アルバイトであれば起業直後でも
優秀な人材に手伝ってもらえるチャンス
そのまま入社してくれる可能性も！

14 フランチャイズにするタイミングを考える

フランチャイズは自然になるもの

本来、起業当初から自分の事業をフランチャイズにしようと考えてはいけません。フランチャイズというのは、本当にいいビジネスを作って、**多くの人から「自分もそのビジネスをやりたい」と言われたことで、「どうやってフランチャイズの仕組みを整えるのだろう?」「多くの人を集めるのだろう?」となってから、考えるべきことです。**

それから、フランチャイズ版タイガーファウンディングやフランチャイズチャンネルに相談しに行きましょう。

ただし、フランチャイズありきは良くないのですが、私はとてもいい塾を経営していたのに、28歳までフランチャイズという方法を知りませんでした。その結果、20歳から28歳まで8年間直営の2校舎だけでやって年商1億円しかいかなかったのです。

ところが、フランチャイズを始めたら、28歳から36歳までの8年間で年商100億円、校舎も400校舎に増えたのです。正直、もっと早くフランチャイズの方法を知ることができれば良かったなと思っています。

最初からフランチャイズ化しようと考えるのは良くありませんが、フランチャイズという選択肢もあることは、心のどこかに持っているといいでしょう。

フランチャイズにする正しいタイミング

最初からフランチャイズありきで
自分のビジネスを考えるのはダメ！

いいビジネス作って
フランチャイズにするぞ！

フランチャイズは人から求められたら考えるべきもの

いいビジネスを作って経営が軌道に乗ったら
多くの人からフランチャイズしたいと言われた

↓

どうやってフランチャイズの仕組みを整えるのだろう？
多くの人を集めるのだろう？ と思った時がスタート

↓

フランチャイズ版タイガーファウンディングや
フランチャイズチャンネルに相談する

最初からフランチャイズ化を狙うのは良くないが
フランチャイズという選択肢があることは
心のどこかに意識しておく

COLUMN 4

伸びているときは会社経営は簡単
一番難しいのは伸びるときがくるまで

武田塾は、今でこそ全国400校舎、年商130億円ありますが、当初は２校舎、年商１億円でした。はっきり言えば伸び悩んでいたわけです。この頃は、規模が小さく毎日ずっと同じことの繰り返しで、働いている従業員もビジョンが見えていませんでした。「本当にいい塾だと思うけど、今後どうするの？」「この会社にいて大丈夫だろうか？」といった疑問、不満が芽生えていたと思います。

大きく伸びた今は、「そんな数の校舎を自分の目で見きれるの？」とか「マネジメントするの難しくない？」と言われることがあるのですが、私の感覚からすると、２校舎で伸び悩んでいた時期と校舎数も売上もどんどん伸びていた時期とだったら、だんぜん後者の方がかんたんでした。

なぜなら、校舎数が増えて、売上も３億円、10億円、30億円とあがっていったら、どんどん優秀な人も入ってくるし、社員もビジョンが見えますから、不平不満を抱きません。この会社にいた方がいい、ここで頑張ろうと思ってもらえますから、マネジメントもいりません。

会社経営は会社が大きくなってからの方がかんたんで、小さいときの方が難しいので、とにかく突き抜けて伸びるように日々頑張りましょう。

第5章

自身のビジネスを最大化する最強のフランチャイズ展開術

01 店舗を増やす フランチャイズ(FC)ってなに?

ウィン・ウィンでビジネス拡大

たとえば、みなさんアイスクリーム好きですか? あるお店のアイスクリームが美味しくて、「大好きだから、自分の地域にもそのお店を広めたい」と考えたとします。そこで、そのお店に「アイスクリームを売る権利を買って、売上の一部も渡すので同じお店をやらせてください」とお願いをして、**承諾してもらえると自分もそのお店が持てるわけです。こういう方式のビジネスモデルをフランチャイズと言います。**

この方式は、自分が大好きなビジネスモデル(アイスクリーム)がその地域に広げられるし、アイスクリーム屋さんからしても、自分たちのお金では出店できなかった地域に、熱心に愛を持って出店してもらえることになるので、ウィン・ウィンの関係です。

つまり、あるビジネスモデルがあって、それが魅力的なビジネスモデルだから、他の人が加盟金を払ったり、売上の一部をロイヤリティとして払ったりして、お互い協力してやっていくというのが、フランチャイズの基本です。

武田塾も2校舎で年商1億円しかなかったのに、フランチャイズで多くの人がやってくれたおかげで４００校舎・年商１００億円まで成長しました。もしフランチャイズに出会ってなかったら、こんなことは不可能だったでしょう。

フランチャイズの基本

ビジネスとしてお互いに協力してやっていくのがフランチャイズ

本部
（フランチャイザー）

加盟店
（フランチャイジー）

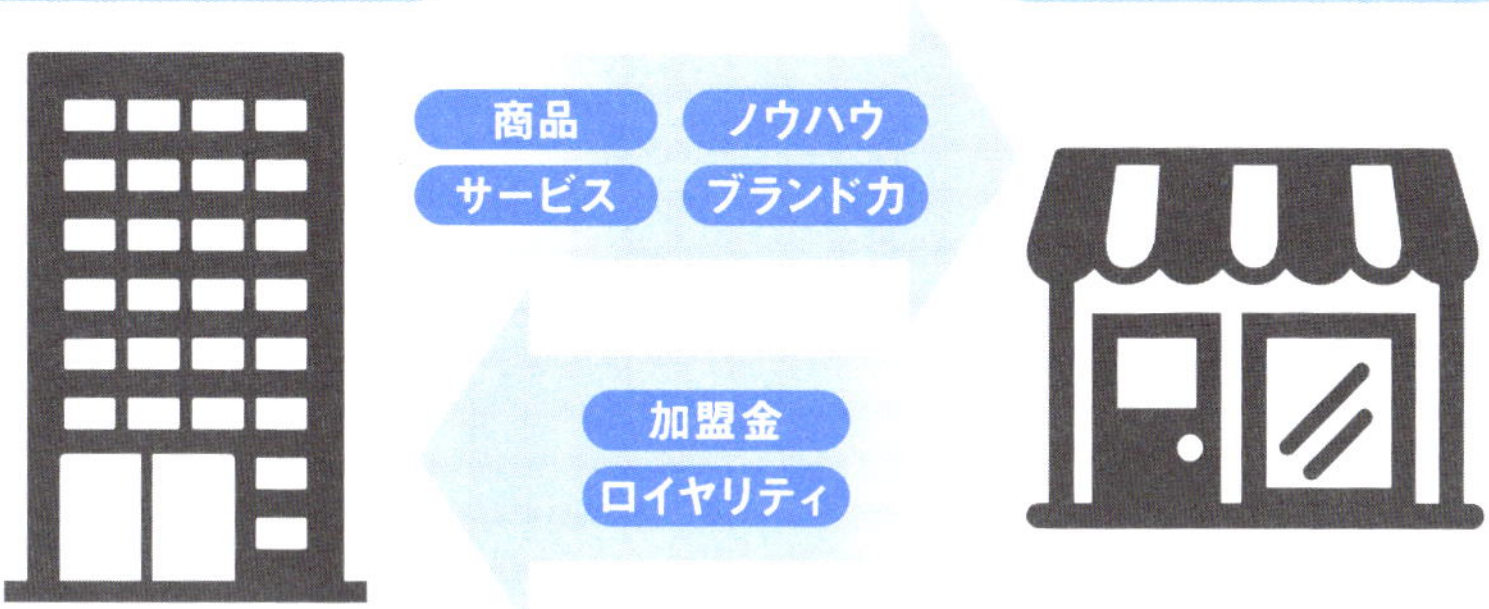

熱心に愛を持って
やってくれるのは
すごく助かるので
ぜひお願いしたい

サービスや商品が
とても好きだから
私も同じビジネス
モデルで出店したい

- お金を使わずに自社のビジネスモデルを広めてもらえる
- 未出店の地域に展開できる
- 加盟金やロイヤリティが入る

- 自分が大好きなビジネスモデルが自分の地域に広げられる
- 自分でそのビジネスモデルを運営できる

どちらにとってもメリットが大きく
ウィン・ウィンの関係を築ける

02 FCで人の力を借りながら会社を大きくしていく

いい理念がなければ賛同されない

フランチャイズというのは、同じビジネスモデルをやりたいという人が、お金まで出して参加してくれるので、人もお金も貸してもらえるわけです。

たとえば、武田塾には故岩井良明氏をはじめ、齋藤友晴（トモハッピー）氏、株本祐己氏、桑田龍征氏といった令和の虎の社長さんたちが力を貸してくれました。

ほかにも、受験生版の令和の虎に出ている大濱裕貴氏といった、本当にすごい社長さんたちが武田塾を「自分もやりたい」と言って、やってくれたわけです。

さらに、名前を出していいのかわからないので伏せますが、上場経験があって、みなさんもよく知っているサービスを提供している会社の創業者の方まで「武田塾の理念はいい」ということで、やってくれました。

このようにビジネスモデルが共感できたり、「これはいい」と思ってもらえたりすると、そういうすごい人が、お金も人も出して力を貸してくれます。「こんなすごいこと本当にあるの？」という話です。

ただし、そうした大物たちの心を打つだけの魅力的なビジネスモデルで、かつ明確なビジョンやいい理念がないといけません。これは、すでに第1章で説明してきた通りです。

お金も人も貸してもらえるのがフランチャイズ

フランチャイズ

お金も人も貸してもらえる

お金

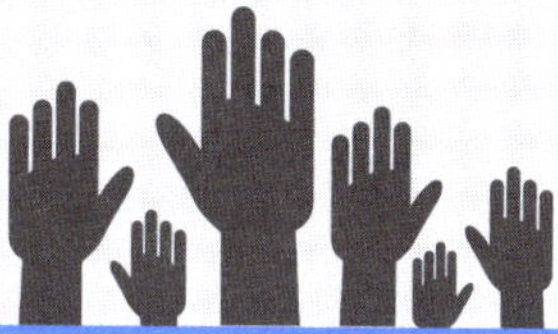

やりたいという人

直営のみ

用意できるお金と人は限界がある

お金

人

たくさんのお金とたくさんの人たちの力を借りて
会社を大きくしていくことができる

武田塾に力を貸してくれたすごい社長さんたち

- 故岩井良明氏
- 齋藤友晴（トモハッピー）氏
- 株本祐己氏
- 桑田龍征氏
- 大濱裕貴氏

力を貸してくれた人たちのおかげで武田塾は成長

大物たちの心を打つだけの
魅力的なビジネスモデルで
いい理念を持っていること！

03 FCを行うメリットとデメリット

お金がある人はやらなくていい

フランチャイズのいい部分は、前述したように素晴らしい人たちの力を借りられること、そしてみんながお金を出してくれることです。

たとえば、武田塾を1校舎作るのにおおよそ1000万円かかります。つまり、今ある400校舎を全国に作るには、1000万円×400校舎で40億円もの大金が必要です。この40億円という大金は、当然ですが私個人で用意することはできません。代わりに、武田塾のフランチャイズに参加してくれた多くの人たちが8年間で合計40億円を出してくれたわけです。

みなさんが8年間で40億円も出してくれたから、日本全国に400校舎が作れたわけです。もし、直営だけだったら、絶対に8年間で40億円なんて大金は出せなかったので、とてもありがたいことです。

一方、悪い面をあげるとすれば、フランチャイズオーナーさんたちと、出た利益を分け合わなければいけないということでしょう。 400校舎が全部直営の武田塾だったら、私は今よりも儲かっています。

ですから、**フランチャイズがすべていいとは思いません。お金がある人はやらなくていい、自力でやれる人は全部自分でやった方がいいと思います。自分では全部やれないという弱者の戦略がフランチャイズです。**

フランチャイズは弱者の戦略

フランチャイズのメリット

- 多くの人の力を借りられること
- みんながお金を出してくれること

例「武田塾」の場合

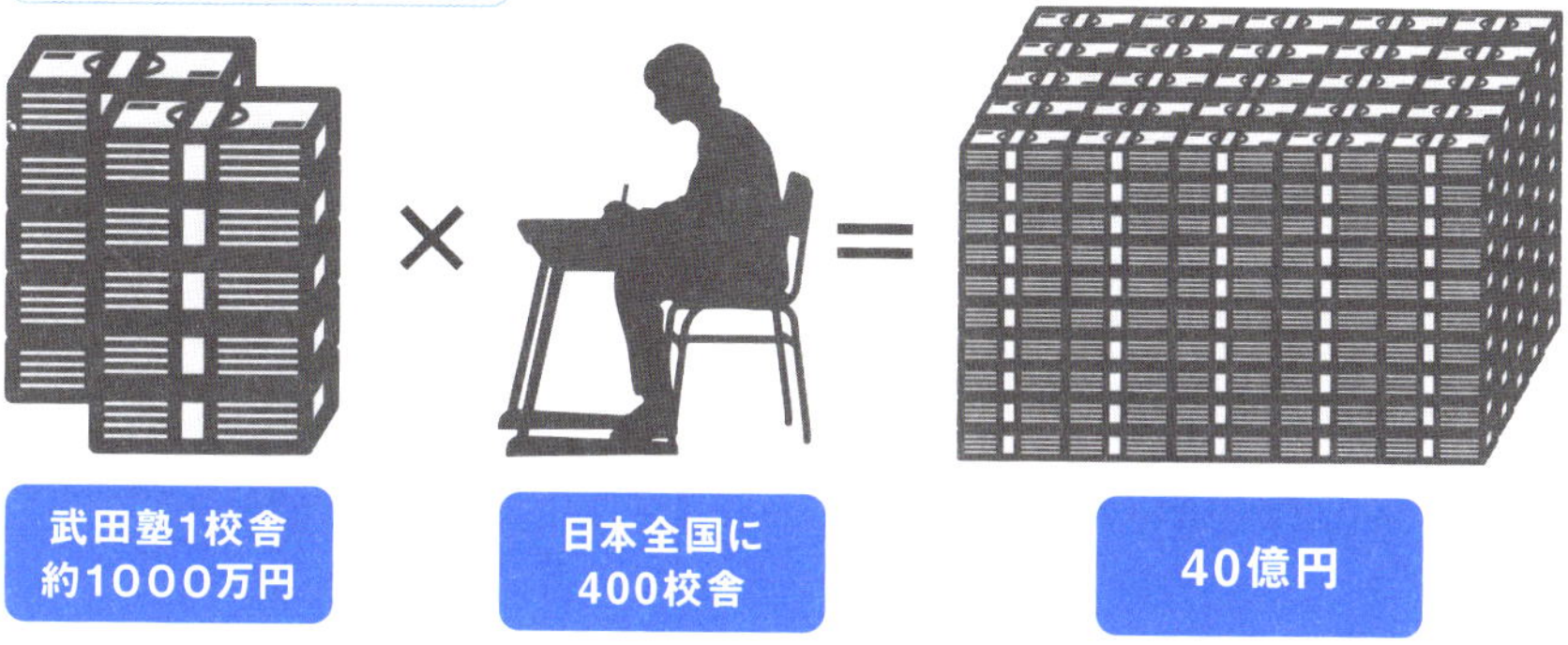

みんなが8年間で合計40億円も出してくれたから
日本全国に400校舎も作ることができた

フランチャイズのデメリット

- フランチャイズオーナーさんと利益を分け合わなければいけない

もし、自分にお金も人もあって400校舎が全部直営だったら
そちらの方が自分の利益が増えている

「利益の一部をお渡しする分、力を貸してもらう
フランチャイズはそういうビジネスモデル」

04 ＦＣで店舗を増やした場合、どういう仕組みでお金は入る？

利益の一部を本部が徴収

フランチャイズでお金が入る仕組みですが、加盟店が利益から支払うパターンと、本部が回収した利益から手数料を引いて配分するパターンの２パターンがあります。たとえば、抹茶クレープ屋「浅草茶屋たばねのし」という、現在好調なフランチャイズがあります。こちらは、店舗で１０００万円売り上げたら、月１００万円をあとから本部に支払います。

武田塾は後者のパターンで、ある校舎の売上が月１０００万円だったら、いったん本部に１０００万円全額を入れてもらい、15％の１５０万円を頂いてから８５０万円を校舎に返しています。

本部としてはこういった形でお金が入り、フランチャイズに加盟している方だったら、こうした形でロイヤリティを支払います。どのパターンになるのか、**本部に支払うフランチャイズ料の割合などは、業種や業態、それぞれのフランチャイズによって変わってきます。**

余談になりますが、加盟店があとから支払う方式の場合、１０００万円の利益から１００万円を支払うと、すごく損した気分になってしまいます。それであれば、あとから９００万円入ってきた方がはるかに嬉しいのです。同じ９００万円の利益でも、感じ方が変わってくるのが、人間心理の面白いところです。

利益が入る仕組みは業種業態で異なる

フランチャイズのメリット

- 多くの人の力を借りられること
- みんながお金を出してくれること

例「浅草茶屋たばねのし」の場合

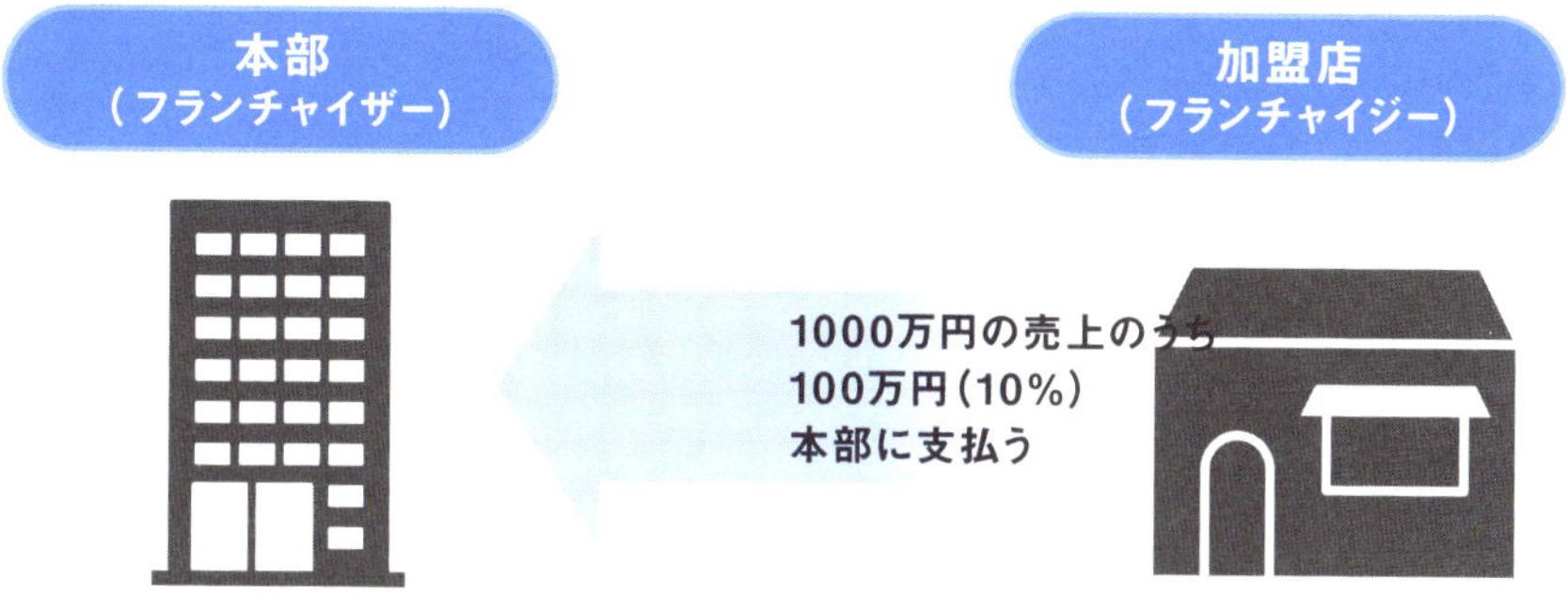

例「武田塾」の場合

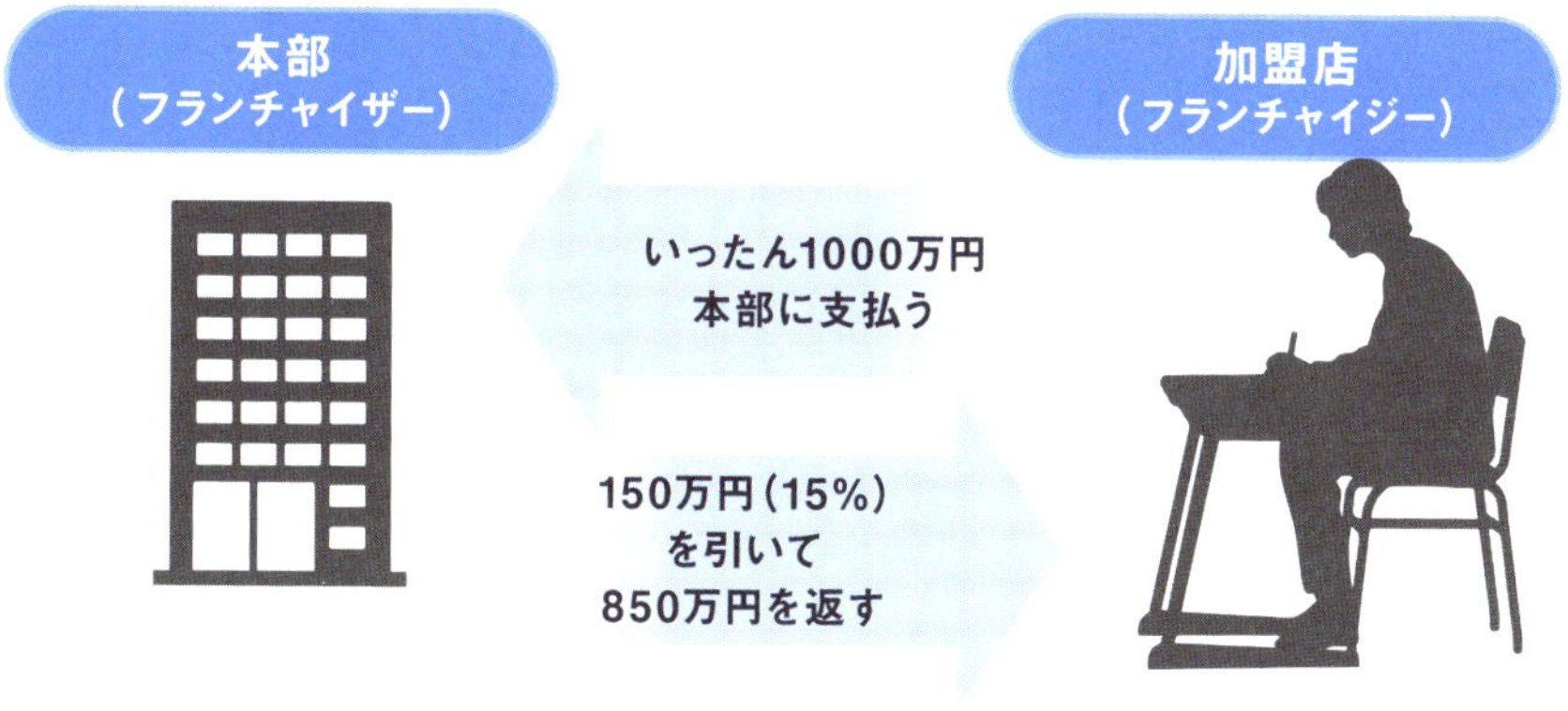

ロイヤリティにはいろんなパターンがある

05

FCの説明はビジョン、リスク

リスクの説明が信頼につながる

もし、みなさんが会社を立ち上げて、多くの人からフランチャイズの要望があって、その人たちに力を貸してもらいたいと考えた場合、フランチャイズ化という話になります。

そうなるかどうかは、多くの人の心を掴むなにかストーリーがあるかにかかってきます。「この事業に参加したい」と思ってもらうためには〝ビジョン〟が一番大切なのです。

そして、**魅力的なビジョンを提示して、きちんと利益が出せるのかという〝収益性〟きちんと自分も同じようにできるのかという〝再現性〟についても説明できなければなりません。**

また、甘い言葉だけではなく、「最悪の場合、数千万円がなくなるかもしれません。それでもいいですか？」といったように、リスクもきちんと説明することが信頼につながります。

たとえば、青笹寛史氏の「動画編集CAMP」はとてもいいです。青笹氏自身が動画編集で稼げるようになった体験があり、本当に「動画編集によって人生が変わった」と思っているから、それをみなさんに伝えているわけです。

実際の体験がもとなので、心を打ちやすいし、社会をどう変えたいのかという話はビジョンとしてとてもわかりやすい。私の武田塾もいいビジョンがあって、みなさんの心をうったのだと思っています。

力を貸してもらうために必要なこと

ビジョンの説明

- 多くの人の心を掴むストーリー
- 収益性（きちんと儲かるのか）
- 再現性（自分でもできるのか）

この人に力を貸したい、
この事業に参加したい
と思わせられるか？

リスクの説明

- 失敗する要因
- 最悪の場合どれくらい損失がでるのか

甘い言葉だけではなく
想定できるリスクについても
きちんと説明することが
信頼につながる

［体験に基づく社会をどう変えたいのか？
という話はビジョンとしてわかりやすい］

06 FCにする際にかかる費用

無店舗型から始めるのが無難

フランチャイズに加盟する際にかかる費用は、業種や業態、特に店舗型か無店舗型かによって大きく変わってきます。たとえば、人気アイスクリームチェーン「S」を作るとなったら、だいたい3000万円ぐらいかかるといわれています。もっと高いのは喫茶店チェーンの「K」で、ロードサイドに大きな建物と大型駐車場を併設するので、おおよそ1億円かかります。

それだけの費用をかけても、毎年1500万～2000万円の利益が出て、6～7年で回収できるわけです。これが店舗型で、加盟金のほかに土地や建物、**設備への投資が必要になる分、それなりの初期費用が必要になります。**

一方、無店舗型であれば初期費用はそれほど必要ではありません。たとえば、今では市民権を得て年商100億円になった「リライブシャツ」ですが、最初はなかなかその良さを伝えられませんでした。そこで、リライブシャツの販売代理店になってもらって、「リライブシャツの素晴らしさを広めてもらう」というようなことをやりました。これがリライブシャツの代理店制度で、最初に必要なのは加盟金ぐらいです。

厳密に言えば、売上計上の仕方が根本的に違う販売代理店とフランチャイズは異なるものですが、店舗型と無店舗型の違いの例として捉えてください。

店舗型か無店舗型かで費用は変わる

店舗型

加盟金
土地代
建物代
設備代

無店舗型

加盟金

店舗型はどうしても費用がかかってしまう

店舗型の例 「大手喫茶店チェーンK」の場合

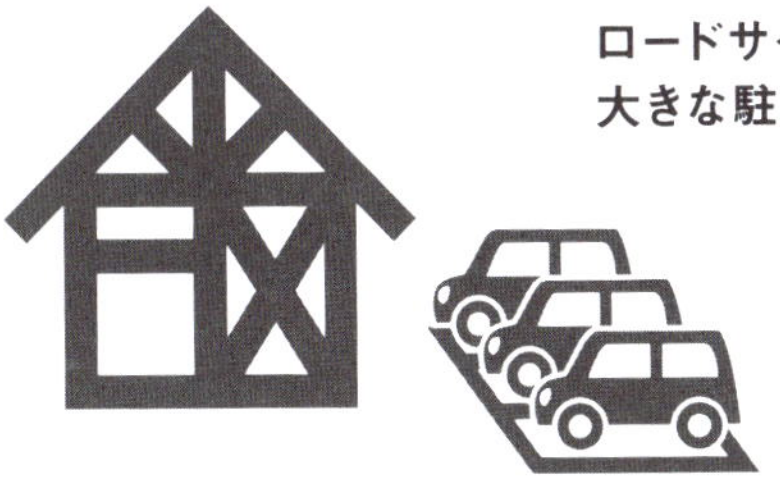

ロードサイドに大きな建物を建て
大きな駐車場まで用意するため合計1億円かかる

毎年1500万～2000万の
利益が出て
6～7年で回収できる

無店舗型の例 「リライブシャツ」の場合

リライブシャツの販売代理店制度に参加
無店舗でも開業できるため
必要なのは加盟金のみ

かかる費用は事業形態によってピンキリ

07 直営店からFC1店舗目を作るためには

実績は実験で積み重ねる！

まったく実績がないところから、どのように積み上げていくかということなのですが、私も武田塾を始めて最初の校舎は正直すごく利益を出すことができましたが、2校舎目はそれほど利益を出すことができていませんでした。

そのような状態だったのですが、大濱裕貴氏が「自分が引き受ければ、利益を出せます」と言ってくれたので、2校舎目をフランチャイズ、暖簾分けみたいにしました。ほかにも「武田塾っていいいんじゃないか？」と思ってくれた人が、もうふたりいました。つまり、**魅力的なビジネスモデルだと思ってもらえれば、自然と「フランチャイズをやりたい」という話になるのです。**そして、このメンバーで実験してみたら、ある程度いい結果が出たので、その実績を持ってフランチャイズを広める広告を出しました。まとめると……。

①素晴らしいビジネスモデルを作ること。それがしっかりと利益を出せること。

②利益が出せたら、身内や知り合い、紹介で何人かに実験してもらい、その人たちもうまくいくこと。

③その実績で広告を出したり、フランチャイズチャンネルに出たりして世の中に広める。

これがフランチャイズ化していく大きな流れとなります。

FC1店舗目を作るまでの3ステップ

①
何か素晴らしいビジネスモデルを作ること
それがしっかり利益を出せるものであること

↓

②
利益が出てきたら、身内、知り合い、紹介など
何人かで実験してもらい、その人たちもうまくいくこと

↓

③
フランチャイズを広める広告を出したり、
フランチャイズチャンネルに出たりして世の中に広める

例 「武田塾」の場合

①
1軒目は利益が出たが
2軒目はあまり利益が出ていなかった

↓

②
2店舗目を大濱裕貴氏に任せ
ほかにふたりやりたい人がいたので任せた

↓

③
実験したところいい結果が出たので
フランチャイズ化に踏み切った

魅力的なビジネスモデルであれば
自然と「フランチャイズをやりたい」となるはず

08 FC加盟することで受けられるさまざまな独立開業支援

甘い言葉は信用してはダメ！

フランチャイズに加盟する方であれば、日本政策金融公庫から比較的融資がおりやすいでしょう。そのほか、国や公的機関の支援制度もあります。また、自治体が創業を支援してくれる制度もありますので、自分の起業にはどの制度が使えるかを調べましょう。

ただし、フランチャイズへの加盟を考える場合は、ビジネスとして成り立たない悪質なフランチャイズも存在するので、本当に気をつけてください。世の中のフランチャイズ募集媒体には、そういったところからお金をもらって広告を打っているところもあります。

絶対にありえない話、たとえば「週に1回墓石を磨くだけで年収1000万円になります」といったような、すごく甘い言葉が踊っているフランチャイズ募集がありますので、引っかからないように気をつけてください。

フランチャイズチャンネルに出ているフランチャイズであれば、そういうものはできるだけ扱わないようにしていますので、悪質なものはとても少ないと思います。

また、フランチャイズチャンネルに出ているものに加盟してうまくいかないこともあると思いますが、悪質なもの、あやしいものは扱っていないと思います。ただし、こちらが見抜けないものもありますので、気をつけてください。

独立開業の支援制度

国・公的機関

- 日本政策金融公庫
- 独立行政法人
中小企業基盤整備機構
- 都道府県等
中小企業支援センター
- 経営革新等支援機関
- 経営革新支援
アドバイザーセンター

自治体

- 創業支援制度

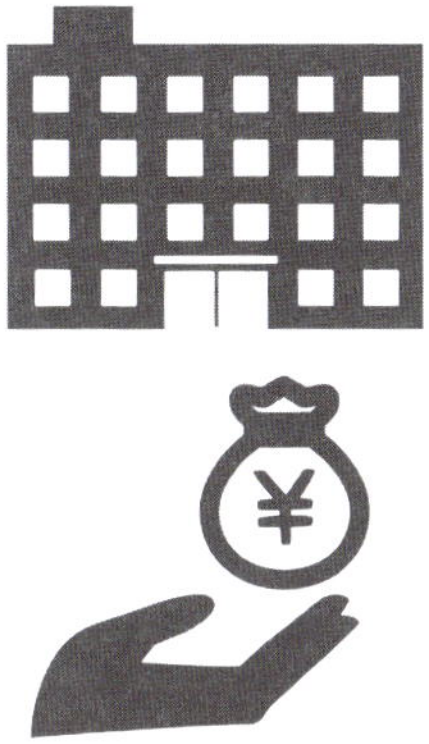

起業を考えている場合、起業や創業を支援する助成金や補助金を、国や公的機関、地方自治体からもらえる可能性があります。一番のメリットは、助成金や補助金は基本的に返済が不要ということです。自分がどの助成金、補助金をもらえるのか、その要件をしっかり調べて活用しましょう。

あやしいフランチャイズの募集に注意！

「週1回墓石を磨くだけで年収1000万円！」のような**甘い言葉で釣るフランチャイズの募集はたくさんある**ので騙されないように注意！

フランチャイズチャンネルに出ているものであれば あやしいフランチャイズの可能性はかなり低い

09 FCのオーナーになる場合に相談すべき会社

フランチャイズチャンネルに相談

　フランチャイズを紹介しているサービスはいろいろありますが、フランチャイズ本部から広告費をもらって掲載している広告料型のところもあります。そこに相談したときに、どんなフランチャイズを紹介してくるかというと、まだ決まってないところです。

　たとえば、人気のあるフランチャイズからも100万円、人気のないところからも100万円の広告費をもらっていたとします。人気があるところは広告の効果が出て満足していますが、人気がないところは実績がないので、広告を打ち切られてしまうかもしれません。そこで、**加盟実績を作るために、人気のないところを紹介してくる可能性が高いのです。**

　その点、フランチャイズチャンネルを始めとした成果報酬型のところは、「1加盟いくらの報酬」という形式なので、人気のあるところでも、人気のないところでも、どちらに加盟してもらっても変わりません。もし、**人気のないところを紹介して加盟が決まらなかったら、利益にならないので、人気のあるところ、今伸びているところを紹介してもらえます。**

　フランチャイズチャンネルは成果報酬型で、「どのフランチャイズがいいですか?」と相談できるサービスがありますので、ぜひそれを活用してください。

相談する会社は慎重に選ぼう

広告料型の会社

広告料をもらって
フランチャイズ募集掲載

広告料の高い企業
まだ応募がない企業

自分たちに都合のいい 企業 を
紹介してくる可能性あり

成果報酬型の会社

フランチャイズ募集掲載後
加盟成立時に成果報酬

資金に見合う企業
希望条件に合う企業

加盟希望者に合う 企業 を
紹介してくれる

フランチャイズチャンネルは 成果報酬型

https://fcch.co.jp/

株式会社FCチャンネルは、FC本部構築、開発支援を行う事業です。FCに出会って人生が変わった経験をもとに、これまで培ってきたノウハウを、まだ世に知られていない素晴らしいサービスを広めるために活用しています。

COLUMN 5

著者がフランチャイズを選んだ理由

正直なところ、フランチャイズには「サービスの質が下がる」「加盟店と揉める」といった悪いイメージを抱いていました。とはいえ、８年もやって泣かず飛ばずの２校舎だったので、それなら実験してみようと思い、迷うことなくフランチャイズ化を決断しました。

そうしたら、たったの１年で７校舎もできたのです。21歳の若者の校舎が御茶ノ水本校の生徒数を抜かしてしまったり、私が８年間やったことよりも、他の人の方がよっぽど経営が上手でした。、資金面も人の面もノウハウの面も力を貸していただいてすごく助かりましたし、自分には直営のセンスがないなと悟りました。

直営時代は、御茶ノ水本校が儲かっているから、市川校は生徒数が伸びなくてもいいかという感じであまり気になりませんでした。そんなやり方だったので、もし直営でやっていたら、400校舎は達成できなかった確信があります。

ところが、フランチャイズを始めてみると、「加盟してくれた人の1000万円をなくしてしまったらどうしよう……」と考えて、自分の校舎よりも宣伝活動などに一生懸命取り組みました。そういう点でも、自分はフランチャイズ向きだったのだなと思います。

林尚弘厳選！

フランチャイズ
オススメ企業

オリジナルの商品やサービスで起業できそうもないという人は、フランチャイズでの起業を検討してみよう！

私が自信を持っておすすめするフランチャイズの概要と特徴、どれぐらいの資金でできるかというのを一覧で掲載したのでぜひ参考にしてください

※掲載している金額はすべて税込です。
※掲載している情報は2025年1月時点のものです。金額、内容などは予告なく変更になる場合がございますので、予めご了承下さい。

franchise
no.1

革命ネイルサロン はあとねいる

https://heartnail.jp/

概要

日本初300種類以上のデザインから選び放題で一律3500円の完全定額制x60分仕上げのスピード施術を実現！ネイルをもっと手軽に身近に楽しめる存在にしたいと思い立ちあがりました。

フランチャイズの特徴とデータ

業態	美容・健康	予算	加盟金	2,310,000円
業種	ネイルサロン		物件取得費	800,000円
エリア	全国		内装費	300,000円
募集段階	一次募集		備品代	600,000円
			運転資金	1,000,000円
本部住所	〒600-8178　京都府京都市下京区鍵屋町347-1			

黒字化までの総予算 ▶▶▶ 合計5,010,000円

※加盟金・物件取得等含めた、黒字化までの総予算目安

franchise no.2

JPCスポーツ教室

https://jpc-sports.com/

概要

日本でも生徒数ナンバー１を誇る、子どもに特化した体操・体幹トレーニング教室です。運動が苦手なお子さまから、プロアスリートを目指すスポーツ少年少女がメインとなります。

フランチャイズの特徴とデータ

業態	教育・子供向け
業種	教育（スポーツ事業）
エリア	全国
募集段階	一次募集
本部住所	〒501-6244　岐阜県羽島市竹鼻町丸の内5丁目137

予算		
	加盟金	3,850,000円
	物件取得費	3,300,000円
	リフォーム	10,000,000円
	物品購入費	3,650,000円
	その他費用	5,500,000円

黒字化までの総予算 ▶▶▶ 合計35,000,000円

※加盟金・物件取得等含めた、黒字化までの総予算目安

franchise no.3

ホワイトニングカフェ

https://whiteningcafe.jp/

概要

免許・資格いらず、1000万円程度の初期投資で開業できる「ホワイトニングサロン」。歯科医院で行う医療ホワイトニングとは別物の美容分野のホワイトニングです。

フランチャイズの特徴とデータ

業態	美容・健康	予算	加盟金	1,650,000円
業種	歯のホワイトニングサロン		物件取得費	900,000円
エリア	全国		内装費用	2,200,000円
募集段階	二次募集		什器・マシン費用	3,700,000円
			その他費用	2,290,000円
本部住所	〒651-0095　兵庫県神戸市中央区旭通5-3-4 アクティブ88 7F			

黒字化までの総予算 ▶▶▶ 合計10,740,000円

※加盟金・物件取得等含めた、黒字化までの総予算目安

※【正社員1名 アルバイト1名 計2名体制・家賃 180,000円】

franchise
no.4

ロレインブロウ

https://lorraine-brow.co.jp/

概 要

ロレインブロウは、まつ毛パーマと眉毛の施術に特化した、目元を綺麗に美しく整え、あなたの美をサポートするアイラッシュサロンです。

フランチャイズの特徴とデータ

業態	美容・健康
業種	アイラッシュサロン
エリア	全国
募集段階	0次募集
本部住所	〒531-0071　大阪府大阪市北区中津1丁目18番18号801

予算		
予算	加盟金、研修費	3,300,000円
	物件取得費	2,200,000円
	内装工事費用	3,300,000円
	備品代	1,100,000円

黒字化までの総予算 ▶▶▶ 合計10,000,000円

※加盟金・物件取得等含めた、黒字化までの総予算目安

※3名体制　家賃 100,000円

franchise
no.5

動画編集CAMP

https://camp-skill.com/movie/

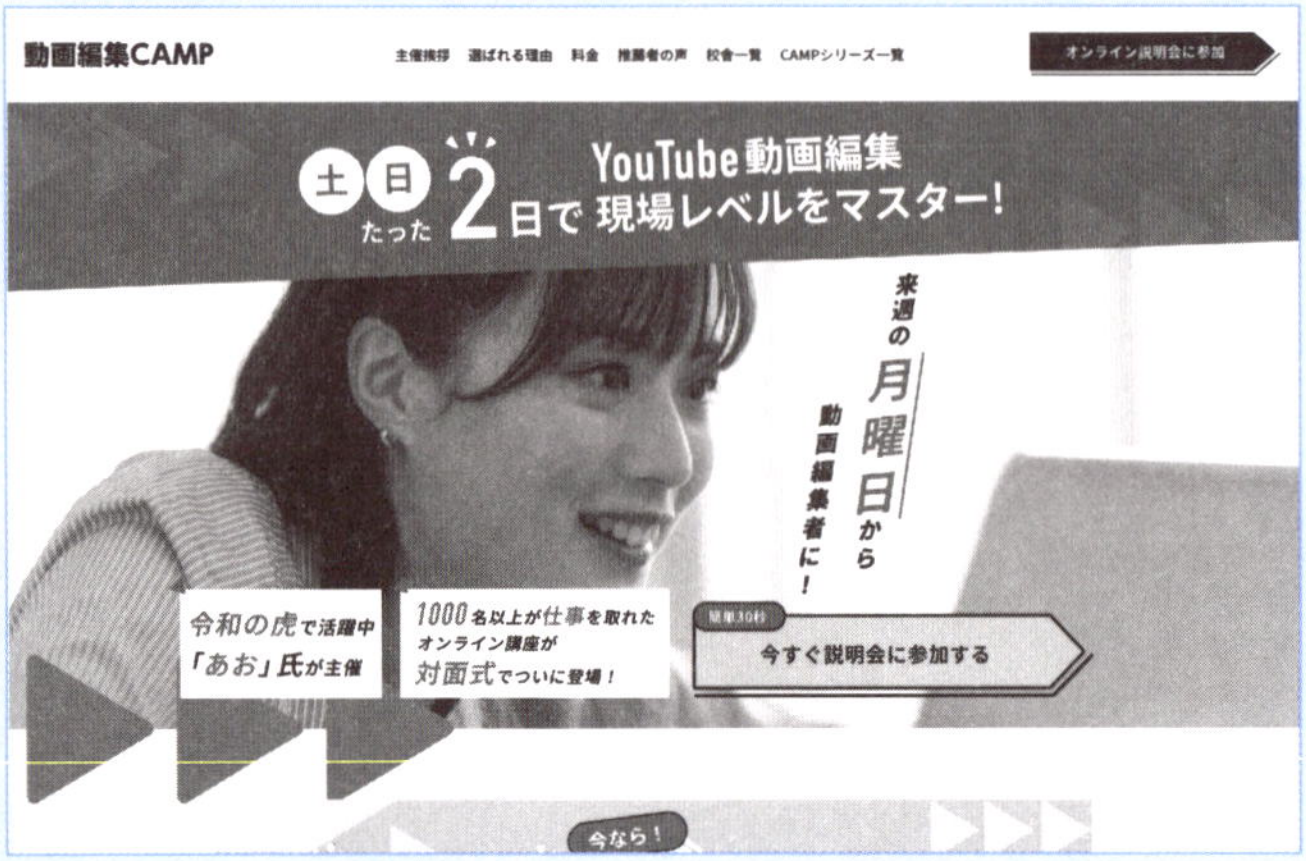

概要

YouTube動画編集に特化したスキルを、現場で実務を行っている現役のプロが講師として直接指導。土日2日で一気に学び、月曜日から動画編集者へ。

フランチャイズの特徴とデータ

業態	教育
業種	動画編集スクール
エリア	全国
募集段階	二次募集
本部住所	〒501-6244　東京都新宿区新宿6丁目27-48 PS07

予算		
	加盟金	2,420,000円
	物件費	800,000円
	内外装費	700,000円
	設備費	800,000円
	その他	800,000円

黒字化までの総予算 ▶▶▶ 合計6,000,000円

※加盟金・物件取得等含めた、黒字化までの総予算目安

franchise no.6

【24】スイーツ専門無人販売所

https://24-sweets.com/

概要

24は、日本初！ SNS映えするスイーツを筆頭に数百種類のスイーツやアイスを豊富に取り揃えたスイーツ専門無人販売所です！

フランチャイズの特徴とデータ

業態	無人業態	予算	加盟金	2,200,000円
業種	スイーツ専門無人販売所		物件取得費	500,000円
エリア	全国		内外装費	650,000円
募集段階	0次募集		設備機器/備品	975,000円
			その他費用(商品仕入れ含む)	2,500,000円
本部住所	〒731-5116　広島県広島市佐伯区八幡1丁目21-24　城山みとA棟201			

黒字化までの総予算 ▶▶▶ 合計7,000,000円

※加盟金・物件取得等含めた、黒字化までの総予算目安

franchise
no.7

ドライヘッドスパ専門店 癒し〜ぷ

https://iyasheep.com/

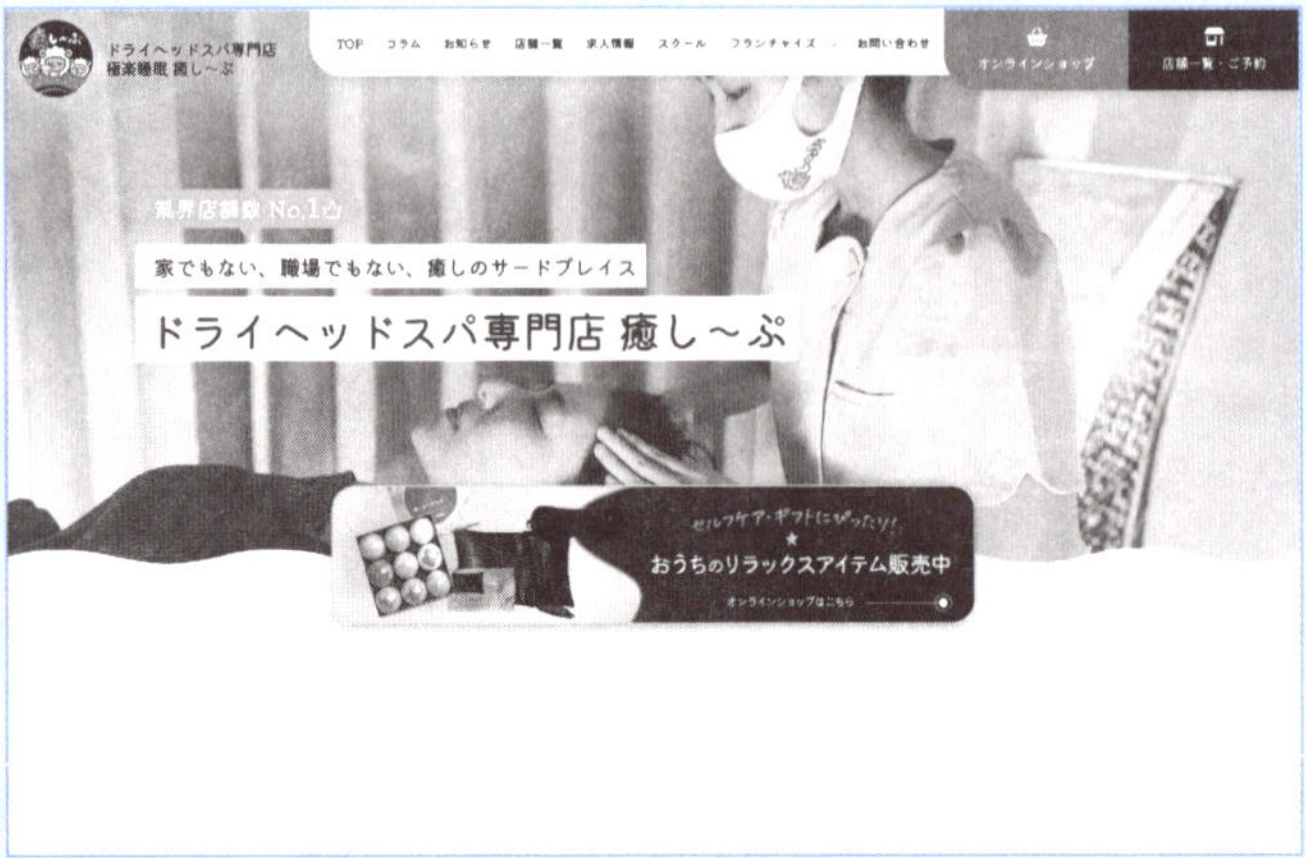

概 要

癒し〜ぷが目指すのは、家でもない、職場でもない、癒しのサードプレイス。看護師が考案した独自の技術で、“あたま”と“こころ”を癒す本格技術のドライヘッドスパ専門店です。

フランチャイズの特徴とデータ

業態	美容・健康		加盟金	2,024,000円
業種	ドライヘッドスパ		物件取得費	約800,000円
エリア	全国	予算	内装費	約500,000円
募集段階	0次募集		その他備品	約300,000円
			研修費	330,000円
本部住所	〒160-0023　東京都新宿区西新宿7-7-26 ワコーレ新宿第一ビル			

黒字化までの総予算 ▶▶▶ 合計6,000,000円

※加盟金・物件取得等含めた、黒字化までの総予算目安

franchise
no.8

浅草茶屋 たばねのし

https://tabanenoshi.com/

概要

伝統的な和の中に現代の要素を取り入れた茶室『浅草茶屋たばねのし』。和クレープを世界に広めたいという理念で活動しており、観光エリアや海外などを出店戦略としております。

フランチャイズの特徴とデータ

業態	飲食	予算	加盟金	3,300,000円
業種	和クレープ店		物件取得費	2,000,000円
			内装費用	3,300,000円
エリア	全世界		厨房設備費	1,800,000円
			研修費	330,000円
募集段階	一次募集		保証金	1,000,000円
本部住所	〒111-0032 東京都台東区浅草2-7-7			

黒字化までの総予算 ▶▶▶ 合計10,000,000円~15,000,000円

※加盟金・物件取得等含めた、黒字化までの総予算目安

※3名体制、家賃300,000円想定

franchise
no.9

巻き爪補正店

https://tokyo-makizume.com/

概要

巻き爪補正に特化したフットケアサロン。巻き爪の施術はもちろん、魚の目、角質、分厚くなった爪などの足のトラブルを包括的にケアするお店となります。

フランチャイズの特徴とデータ

業態	美容・健康	予算	加盟金	2,200,000円
業種	フットケアサロン		物件取得費	930,000円
エリア	全国		什器・備品	770,000円
募集段階	一次募集		販促費	440,000円
			研修費	165,000円
本部住所	〒160-0022 東京都新宿区新宿2-5-11甲州屋ビル3階			

黒字化までの総予算 ▶▶▶ 合計5,000,000円~5,500,000円

※加盟金・物件取得等含めた、黒字化までの総予算目安

※2名体制、家賃150,000円想定の場合

franchise
no.10

日本初！マッサージをしない整体【NAORU】

https://www.naorusalon.com/

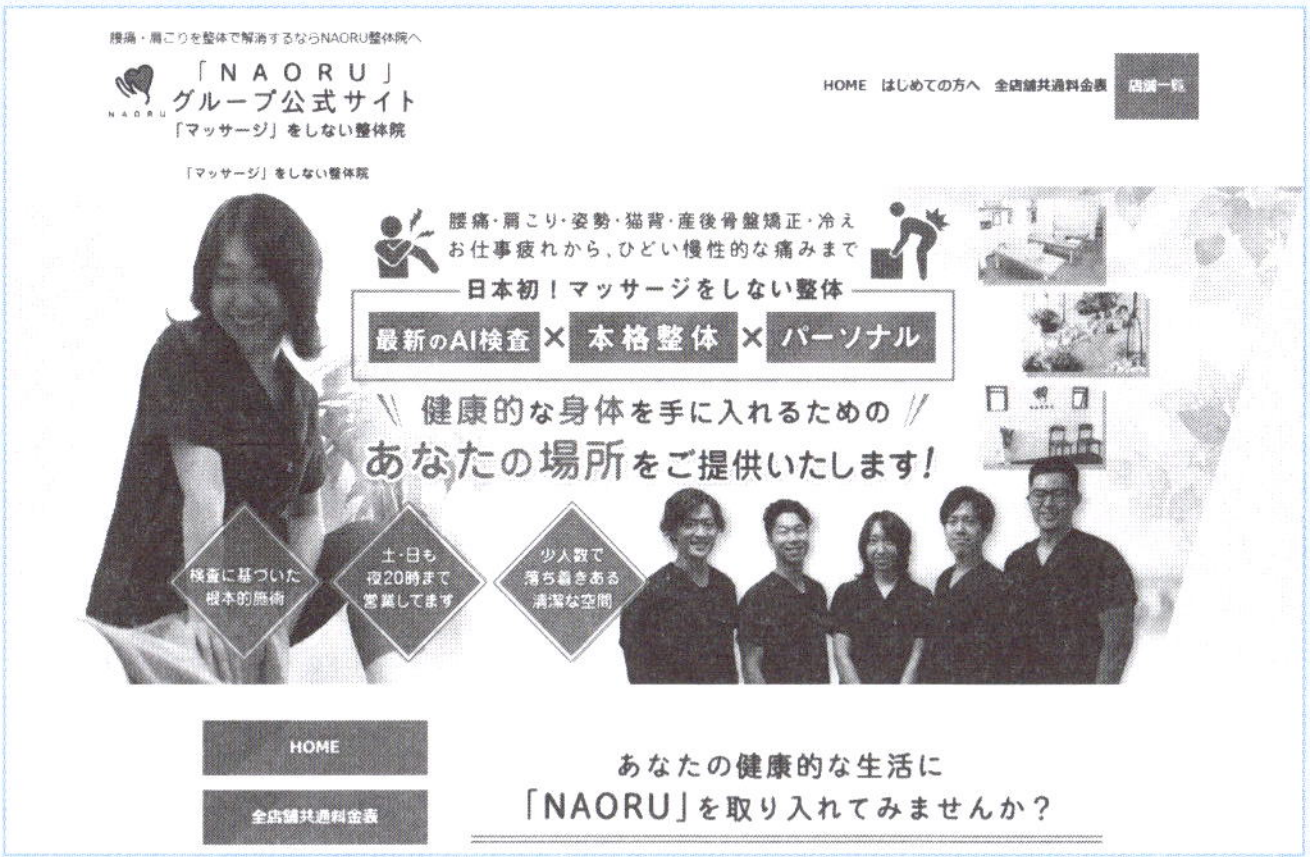

概要

NAORUとは、リラクゼーションや一般の整体院とは違い【根本改善】を目標として【健康寿命を伸ばす】という使命を掲げ運営してる店舗型整体院です。

フランチャイズの特徴とデータ

業態	美容・健康	予算	加盟金	3,300,000円
業種	整体院		物件取得	1,500,000円
エリア	全国		内装費用	900,000円
募集段階	一次募集		備品	450,000円
			採用費	900,000円
			集客費用	450,000円
本部住所	〒140-0014 東京都品川区大井6-4-4			

黒字化までの総予算 ▶▶▶ 合計10,000,000円

※加盟金・物件取得等含めた、黒字化までの総予算目安

※2名体制　家賃 150,000円想定

franchise
no.11

肉屋の肉ヤ

https://meatmarket.jp/sp/

概要

北海道味付け冷凍肉専門店。味付け冷凍肉40種以上。500円だらけのキャッチコピー。ユニークな商品パッケージ。一般販売及び飲食店卸事業。

フランチャイズの特徴とデータ

業態	無人業態	予算	加盟金	1,100,000円
業種	味付け冷凍肉販売		物件取得費	275,000円〜
エリア	全国		内装、外装費用	220,000円〜
募集段階	一次募集		冷凍ショーケース	550,000円〜
			その他費用	880,000円〜
本部住所	〒064-0822 北海道札幌市中央区北2条西24丁目1-10			

黒字化までの総予算 ▶▶▶ 合計3,300,000円

※加盟金・物件取得等含めた、黒字化までの総予算目安

トークンを活用して
多くのフランチャイズに加盟する軍資金を調達したい！

FCトークン@林尚弘 | https://financie.jp/users/FC_token

新世代の資金調達手段「FiNANCiE」のトークンを活用

「FCトークン@林尚弘」は、FiNANCiEアプリ内でトークン*を販売し、フランチャイズに加盟するための軍資金を調達しています。フランチャイズを立ち上げる過程をトークン保有者と共有しながら、一緒にフランチャイズの魅力や認知を広げていくことが目的です。また、会社の収益の一部をトークン買い支えにあてることで、事業の成長に伴ってトークン保有者へのさまざまな特典を充実し、初期サポーター（支援者）へのインセンティブにつなげていきたいと考えています。

＊トークンはFiNANCiEにおいて活動するプロジェクトが発行するデジタルアイテムとしてのコミュニティトークン（CT）を指します。FiNANCiEアプリ内でのみ利用可能で、有価証券や暗号資産等の金融商品ではありません。

新世代クラウドファンディングサービス　「FiNANCiE」

https://financie.jp/

『FiNANCiE（フィナンシェ）』は、ブロックチェーン技術を活用したトークン型のクラウドファンディングサービスです。夢や目標の実現を目指す個人や団体を「オーナー」、オーナーを支援するファンを「サポーター」といい、オーナーはトークンを発行・販売することで、資金を獲得しつつ共創型のコミュニティを形成することができます。

おわりに

最後に、この本は独立起業がテーマなので、ひとつ伝えておきたいことがあります。私は、起業というのは「技術」「営業」「経理」の３つだと考えています。技術というのは、商品やサービスの根幹をなすもので、たとえば、大きく成績が上げられる技術、美味しいアイスクリームを作り出す技術といったものです。

そして、その技術を多くの人に広めるのが営業です。その方法はなんでもかまいませんが、とにかく世の中に広めて多くの人に利用してもらう、買ってもらうことで、お金が入ってきます。そうして入ってきたお金、出ていくお金の流れや関係するさまざまな取引を記録、管理するのが経理です。

まとめると、どんな商品やサービスがあって、それをどうやって営業で広めて、どうやって経理するかという３つのステップが起業のポイントなのです。そう考えると、起業するためには自分でオリジナル商品やサービスを開発しなければなりません。ここに大きなハードルを感じる方も少なくないでしょう。

　そこでフランチャイズの出番です。すでに売れている実績がある商品やサービスがあるわけですから、最初のステップをパスできるわけです。つまり、起業の準備として、いったん人の商品やサービスで練習できるわけですから、私は起業の第一歩として、起業の練習としてとてもいいのではないかと思います。

　私はいきなり自分のオリジナルビジネスモデルで起業しましたが、それができないという方は、いったんフランチャイズを挟んでみたらどうだろうか？　と提案したところでこの本を終わりにしたいと思います。

林　尚弘

【著者紹介】
林 尚弘（はやし・なおひろ）
株式会社FCチャンネル代表取締役。ドライヘッドスパ専門店癒し〜ぷ代表。1984年、千葉県出身。自身の受験体験から大学1年で起業、1年後に武田塾を設立。「授業をしない」「参考書での自学自習」「1冊を完璧に」の方針で、E判定から早稲田、慶應、国立大学医学部などへの逆転合格者を続出させ、フランチャイズ化をきっかけに8年間で全国400校舎、年商130億円を超える。2018年よりYouTube『令和の虎CHANNEL』に出演。志願者に支援した金額は総額2億円を超える。2022年、株式会社FCチャンネルを設立し、事業を拡大したいさまざまな会社を支援している。

【STAFF】

カバーデザイン	大谷達也（アイル企画）
カバーイラスト	羽田創哉（アイル企画）
校正	聚珍社

眠《ねむ》れなくなるほど面白《おもしろ》い
図解《ずかい》 起業《きぎょう》の話《はなし》

2025年2月10日　第1刷発行

著　者	林《はやし》 尚弘《なおひろ》
発行者	竹村 響
印刷所	TOPPANクロレ株式会社
製本所	TOPPANクロレ株式会社
発行所	株式会社日本文芸社
	〒100-0003　東京都千代田区一ツ橋1-1-1 パレスサイドビル8F

乱丁・落丁本などの不良品、内容に関するお問い合わせは
小社ウェブサイトお問い合わせフォームまでお願いいたします。
ウェブサイト https://www.nihonbungeisha.co.jp/

Printed in Japan 112250129-112250129Ⓝ01　(300085)
ISBN978-4-537-22257-9
（編集担当：上原）